Es gibt Bücher, die dich informieren. Und es gibt Bücher, die dich erinnern. Dieses Buch ist keines von beiden. Es ist ein Ruf aus deiner eigenen Tiefe. Vielleicht ist er der Schlüssel zu einer Tür, von der du nicht wusstest, dass sie verschlossen war.

# Widmung

Ich widme dieses Buch jenen Kräften, die jenseits unserer sichtbaren Welt wirken – sanft, geduldig, still.

Sie haben mich geführt, nicht mit Worten, sondern durch Impulse. Nicht mit Zwang, sondern durch Erinnerung.

Seit vielen Jahren flüstern sie mir zu: leise Hinweise, Bilder und Worte, die sich tief in mir verankert haben.

Und ich, ein einfacher Mensch mit offenen Händen, habe aufgeschrieben, was durch mich hindurchfloss.

Dieses Buch ist nicht das Werk meines Verstandes.

Es ist eine Botschaft, die durch mich hindurch wollte, um uns daran zu erinnern, was wir vergessen haben.

Es entstand nach einer Erfahrung, die mein Herz für immer verändert hat. Für einen Moment durfte ich bei meinem Nahtod den Schleier lüften und erkennen:

Nichts ist, wie es scheint. Aber alles ist, wie es sein soll.

Ich danke den unsichtbaren Begleitern, die mich tragen, erinnern und ermutigen, meinen Auftrag zu erfüllen – mit jedem Wort, das ich schreibe, und mit jedem Licht, das ich entzünde.

Dieses Buch ist aber auch dir gewidmet – dem Suchenden, dem Fragenden, dem Erwachenden. Möge es dir eine Tür öffnen.

In Demut und Verbundenheit.

Karl Michael Kurth Al Naqib

# Die verbotene Wahrheit. Die Schriften, die dein Licht erinnern

Ein stiller Ruf.

Ein verborgenes Buch.

Eine Erinnerung, die erwacht.

K. M. Kurth Al Naqib

*Bibliografische Information der Deutschen Nationalbibliothek: Die Deutsche Nationalbibliothek verzeichnet diese Publikation in der Deutschen Nationalbibliografie; detaillierte bibliografische Daten sind im Internet über dnb.dnb.de abrufbar.*

Verlag: BoD · Books on Demand GmbH, Überseering 33, 22297 Hamburg, bod@bod.de

Druck: Libri Plureos GmbH, Friedensallee 273, 22763 Hamburg

**ISBN:** 978-3-8192-0017-5

# Inhaltsverzeichnis

## Kapitel 47: Das Weibliche Prinzip im Verborgenen..........182

## Kapitel 48: Warum Jesus keine Religion wollte...............185

## Kapitel 49: Die Kraft des Erinnerns.................................188

## Kapitel 50: Der neue Mensch – was nach der Erinnerung kommt..................................................................................191

# Einleitung

Die verbotene Wahrheit – die Schriften, die dich erinnern
*Ein Ruf aus Licht und Tiefe*

**Warum ich dieses Buch schreibe?** Weil ich es muss.

Nicht aus Ehrgeiz. Nicht aus Eitelkeit. Sondern weil ich es versprochen habe – dort, wo Worte nicht mehr genügen.

Ich habe den Tod gesehen. Zweimal. Ich habe ihn gespürt – nicht als Ende, sondern als Schwelle.

Als Spiegel. Und als Auftrag.

- Ich wurde geführt.
- Ich wurde konfrontiert.
- Ich wurde erinnert.

An das, was ich vergessen hatte. An das, was wir alle vergessen haben.

Dieses Buch ist Teil dieser Erinnerung. Es ist kein theologisches Werk. Es ist auch kein historisches Kompendium. Es ist eine innere Landkarte für all jene, die sich fragen, warum sie hier sind. Für all jene, die spüren, dass das, was uns als Wahrheit verkauft wird, oft nur das Echo von Macht ist. Für all jene, die den Mut haben, sich nicht nur mit der Welt, sondern auch mit sich selbst auseinanderzusetzen.

Ich habe viele Worte gesammelt. In Krankheit, in Stille, in Nächten, in denen der Atem dünn war und die Seele weit. Und irgendwann wurde mir gesagt:

„Jetzt. Jetzt schreibst du. Für die, die es hören können. Für die, die sich erinnern wollen."

Die hier aufgeführten Schriften –

Henoch, Maria Magdalena, Thomas, Salomo, Hermas, Baruch, Jaschar und die Jubiläen

wurden verbannt, vergessen und verzerrt.

Nicht, weil sie falsch waren.
Sondern weil sie frei waren.

Weil sie die Menschen nicht klein,
sondern groß machten.

Weil sie nicht auf Angst,
sondern auf Licht basieren.

> **Dieses Buch ist kein Angriff auf den Glauben.**
> Es ist ein Heimruf an dein innerstes Wissen. Es lädt dich nicht ein, etwas zu glauben ,sondern dich zu erinnern. An das, was du nie verloren hast. An das Licht, das in dir wohnt, egal, wie viele Schatten du durchschritten hast.

Du wirst keine Dogmen finden.
Keine Vorschriften.
Keine Angstparolen.
Du wirst Begegnungen finden.
Mit uralten Stimmen.
Mit Visionen.

Mit Wahrheiten, die dich nicht belehren, sondern befreien.
Und vielleicht – mit dir selbst.

Ich schreibe als Mensch.
Nicht als Guru.
Auch nicht als Prophet.
Sondern als jemand, der gefallen ist – und wieder aufgestanden ist.

Als jemand,
der gezweifelt hat –
und trotzdem glaubt.

Als jemand,
der weiß,
dass wir größer sind,
als man uns glauben lässt.

Wenn du dieses Buch in den Händen hältst, dann ist das kein Zufall. Vielleicht ist es ein Ruf.

Vielleicht ist es ein Auftrag.
Vielleicht ist es ein Wiedersehen.

**Was du daraus machst, liegt bei dir.**

Aber wenn du bereit bist, dann beginnt jetzt dein Weg zurück
- zur verbotenen Wahrheit,
- zur unvergessenen Seele,
- zum Licht, das du nie verloren hast.

## Vorwort

### Die verbotene Wahrheit – Die Schriften, die dein Licht erinnern

Wenn du dieses Buch in den Händen hältst, spürst du vielleicht, wie etwas in dir ruft.

Ein altes Wissen.
Eine Erinnerung.

Eine Sehnsucht nach Wahrheit, die durch kein Ritual ersetzt werden kann.

Seit Jahrhunderten wurde das Licht der Erkenntnis verschleiert – durch Machtstrukturen, Institutionen und Dogmen.
Was einst als lebendige Wahrheit die Herzen berührte, wurde in enge Glaubenssätze gepresst.

Vieles davon wurde einfach ausgelöscht.

Die sogenannten apokryphen Schriften:

- Bücher wie Maria Magdalena,
- Henoch,
- Jubiläen,
- Thomas,
- Jaschar,
- Baruch,
- Hermas
- und Salomo

sie wurden verbannt, verschwiegen und verleumdet.

Nicht, weil sie unwichtig waren, sondern, weil sie zu kraftvoll waren.

Dieses Buch ist kein Angriff auf den Glauben. Es ist eine Einladung – deine eigene heilige Erinnerung wiederzufinden.

Ich schreibe nicht als Richter.

Nicht als Theologe,
sondern als Mensch,
dem in einer Nahtoderfahrung ein Blick hinter den Schleier gewährt wurde.

Ich habe Aufgaben empfangen.

**Eine davon lautet:** Ich soll das Licht dieser vergessenen Schriften wieder sichtbar machen. Nicht durch Streit, sondern durch Klarheit.

Nicht durch Kampf, sondern durch Erinnerung.

Die Wahrheit wartet nicht irgendwo da draußen. Sie wartet in dir.

Wenn du bereit bist,
alte Ketten abzulegen,
wenn du spürst,
dass das Heilige mehr ist,
als dir gesagt wurde,
dann begleite mich auf dieser Reise.

Denn hier findest du nicht nur alte Texte.

Es sind Schlüssel.

Erinnerungen.

Spuren des Lichts.

- Willkommen auf einem Weg, der nicht neu, sondern uralt ist.
- Willkommen zu deiner eigenen, stillen Revolution.
- Willkommen zurück.

Euer

Karl Michael Kurth Al Naqib
WandelJetzt

## Vom Erwachen zur Wahrheit, die verloren gegangen ist

Ein Ruf an das Licht in dir.

Bevor wir in die verborgenen Bücher eintauchen,
bevor wir die verbannten Zeugen hören,
möchte ich dich einladen, kurz innezuhalten.

Denn dies ist kein gewöhnlicher Übergang.
Es ist ein Riss im Gewebe deiner gewohnten Welt.
Eine Öffnung –
nicht im Verstand, sondern im Herzen.

In den folgenden Kapiteln wirst du keine Lehren finden, die dich unterwerfen. Du wirst keine Priesterstimmen hören, die dich klein halten.

Was du finden wirst, ist Erinnerung.

Erinnerung an ein Wissen,
das du nie verloren hast –

nur verdrängt.

An eine Wahrheit,
die nicht von außen kam,
sondern immer in dir ruhte.

Verhüllt von Angst.

Vergessen durch Lärm.

Doch sie wurde nie ausgelöscht.

Diese Schriften,
die du nun kennenlernst,
sprechen in Symbolen,
Bildern und Lichtern.

Henoch, Maria, Thomas, Baruch...

Sie sprechen nicht zu deinem Verstand.

Sie sprechen zu deinem innersten Sein.

Denn bevor es Religion gab,
gab es Verbindung.

Bevor es Kirchen gab,
gab es Herz.

Bevor es Dogmen gab,
war da ein Licht –
in jedem von uns.

Ungeteilt.
Unzensiert.
Unvergessen.

Teil 1 ist kein erster Schritt im Kopf.

Er ist der erste Pulsschlag deines wahren Erinnerns.

Ein Erwachen –
nicht in eine neue Theorie,
sondern in einen alten Ruf.

Wenn du bereit bist, alte Ketten zu sprengen und dich dem Flüstern deines Ursprungs zu stellen – dann tritt ein.

# Teil 1: Die verlorene Wahrheit – Der Ursprung des Lichts

## Ein poetischer Einstieg in Herz und Geist

> Bevor es Bücher gab, gab es Stimmen. Bevor es Dogmen gab, gab es Licht. Und bevor jemand das Wort „Religion" aussprach, war da eine tiefe Erinnerung im Menschen: dass sie aus dem Licht kommen und ins Licht zurückkehren.

Dieser Teil ist der Anfang des Weges.

Nicht im Sinne einer Einleitung –
sondern einer Öffnung.

Er ist die Schwelle zwischen der dir bekannten Welt und der Welt, die in dir ruft.

Wir beginnen nicht mit einem Lehrsatz. Wir beginnen mit einer Sehnsucht.

> Die Wahrheit ist nicht verloren.
> Sie wurde verborgen – unter Schichten aus
> Angst, Kontrolle und Macht.
> Jetzt ist die Zeit, sie wieder freizulegen.
> In dir. Mit dir. Für dich.

So geht es im Buch weiter:

## Kapitel 1: Henoch – Der erste Lichtbringer

*Stell dir vor ...*
ein Mensch wandelt nicht im Schatten,
sondern im Licht.

Er lebt nicht für Ruhm oder Besitz,
sondern für Einsicht.

Und wenn sein Weg vollendet ist,
stirbt er nicht.

Er wird entrückt und aufgenommen in das,
was jenseits unserer Augen liegt.

Sein Name ist Henoch.

Der Eingeweihte.
Der Wandelnde.
Der Prophet vor der Sintflut.

***„Henoch wandelte mit Gott – und er war nicht mehr, denn Gott hatte ihn hinweggenommen."*** *(Genesis 5,24)*

In den offiziellen Schriften der Bibel ist er kaum mehr als ein Satz. In den verborgenen Büchern, dem ersten Buch

Henoch, wird er jedoch zur Stimme eines anderen Zeitalters.

Zur Stimme einer Welt, die noch wusste, dass alles miteinander verbunden ist:

Himmel und Erde,
Engel und Menschen,
Zeit und Ewigkeit.

**Henoch erzählt von Dingen, die kein Auge gesehen hat:**

- Von gefallenen Engeln, den „Wächtern", die mit Menschentöchtern Kinder zeugen:
- Riesen, die das Gleichgewicht der Erde stören.
- Von göttlichem Gericht, das nicht aus Wut, sondern aus Gerechtigkeit erfolgt.
- Von himmlischen Kalendern, einer Ordnung, die nicht auf Willkür, sondern auf Licht basiert.
- Von Engeln, die die Elemente lenken.
- Von Kammern des Windes,
- Pfaden der Sterne
- und dem Buch des Lebens.

Er ist Seher,
Wanderer und Zeuge.

Nicht als Phantast,
sondern als Eingeweihter –
geführt von jenen,
die ihn durch die Himmel tragen.

*„Und ich sah die Wohnstätten der Heiligen – hell wie Kristall, von strahlender Klarheit."* (Henoch 39,12)

Henoch beschreibt die Zeit nicht als Abfolge von Tagen, sondern als göttliches Mosaik.

Ein Jahr hat 364 Tage –
vollkommen,
rhythmisch,
lichtvoll.

Es ist nicht der chaotische Mondkalender,
sondern ein himmlisches Zeitmaß.

Seine Visionen sind klar – und gefährlich.

- Denn sie entziehen sich der Kontrolle.
- Sie lehren nicht Gehorsam, sondern Erkenntnis.
- Nicht Angst, sondern Verantwortung.
- Darum wurde sein Buch verbannt.

Nicht,
weil es wertlos war –
sondern weil es zu wertvoll war,
um es Machtstrukturen zu überlassen.

**Doch Henochs Stimme verstummte nicht.**

Sie klang weiter –
in den Essener-Schriften,
in Qumran,
im Judasbrief,
in der frühen Kirche.

**Und heute?**

Heute kehrt sie zurück.

Vielleicht,
weil wir bereit sind,
wieder zu hören.

Nicht mit den Ohren –
sondern mit dem Herzen.

**Was Henoch dir heute sagen würde**

*„Schau nicht nur nach außen. Die Ordnung beginnt in dir.
Die Himmel sind nicht fern. Sie wohnen im Licht deiner
Erinnerung."*

Wenn du bereit bist,
aufzuwachen aus dem Schlaf der Welt,
wenn du bereit bist, dich zu erinnern,
dann lies Henoch nicht wie ein altes Buch.

Lies ihn wie ein Licht.

Ein stilles,
kraftvolles Licht,
das dich daran erinnert:
Du bist nicht allein.

Du warst es nie.

# Kapitel 2: Maria Magdalena – Das verlorene Licht

*Stell dir vor ...*
eine Frau steht nicht am Rand der Geschichte.

Sie steht im Zentrum.

Nicht als Dienerin,
nicht als Sünderin –
sondern als Wissende.

Sie ist Trägerin eines Lichtes,
das vielen zu hell war,
um es zuzulassen.

Maria Magdalena.

Die Tradition machte sie klein.

Sie machte sie zur Büßerin,
zur Gefallenen.

In den verborgenen Schriften jedoch tritt sie uns anders
entgegen:

als erste Zeugin,
als vertraute Stimme Jesu
und als Verkörperung
des weiblichen Christusprinzips.

**Das Evangelium der Maria ist nur fragmentarisch
erhalten.**

Es fehlen Seiten.
Es fehlen Worte.
Und dennoch:

**Was bleibt,
leuchtet wie Gold im Sand.**

Sie spricht mit den Jüngern.

Von Visionen.

Von Erkenntnis.

Von einem Weg,
der nicht über Tempel,
Gesetze oder Opfer führt,
sondern nach innen.

Da sprach Maria:

*„Ich sah den Herrn in einer Vision und sagte zu ihm: ‚Herr,
ich sah dich heute in einem Traum.“*

Jesus begegnet ihr nicht als Richter,
sondern als Lehrer der Seele.

Er zeigt ihr die sieben Mächte,
die die Seele durchqueren muss:

Dunkelheit,
Verlangen,
Unwissenheit,
Zorn …

Nicht um sie zu bekämpfen,
sondern um sie zu durchlichten.

Erkenntnis ist Befreiung.

*„Wo der Geist wohnt, da gibt es kein Gesetz.“*

Die Jünger sind irritiert.

Vor allem Petrus stellt sie infrage.

**Warum sie?**
Warum eine Frau?
**Und Levi antwortet:**

> *„Wenn der Erlöser sie würdigte, wer sind wir, dass wir sie verwerfen?"*

Maria wird zur Stimme des Herzens.

Nicht des Dogmas.

- Sie ist die Botin einer inneren Freiheit,
- die keine Vermittler benötigt.
- Sie lehrt nicht Autorität.
- Sie lehrt Vertrauen.

**Was Maria Magdalena dir heute sagen würde:**

Du bist nicht getrennt.

Du bist nicht unrein.

Du musst nichts verdienen.

Dein Licht ist nicht verloren.

Es ist nur verborgen.

Wenn du den Mut hast,
hinzusehen,
wirst du erkennen,
dass du keinen Mittler brauchst.

Kein System.

Kein Opfer.

Du brauchst nur den Weg zu dir selbst.

Maria spricht nicht für eine Figur.

Sie spricht für eine Haltung.

Für das Erinnern.

Für die Rückkehr zu einer leisen,
klaren,
weiblichen Weisheit,
die aus dem Inneren aufsteigt.

Lies das *„Evangelium der Maria"* nicht wie ein Relikt.

Lies es wie einen Spiegel.

Vielleicht,
nur vielleicht,
flüstert es auch dir zu:

> *„Erkenne, was in dir ist – und du wirst frei sein."*

Innere Wahrheit statt historischer Figur:

**Maria steht nicht für eine Figur.**

- Sie steht für eine Haltung.
- Sie ist mehr als nur ein Name in alten Schriften.
- Sie ist mehr als eine Zeugin, mehr als eine Frau an Jesu Seite.
- Sie ist Erinnerung – nicht an eine Geschichte, sondern an eine innere Wahrheit.

Maria ist das Prinzip der Innenschau.

- Sie verkörpert den stillen Mut, der nicht kämpft, aber standhält.
- Sie verkörpert die Würde des Herzens, die sich nicht beweisen muss.

Sie steht für eine Haltung, die sagt:

- *„Du bist nicht getrennt."*
- *„Du brauchst keinen Mittler."*
- *„Du darfst aus dir selbst heraus erkennen."*

Wenn du ihr wirklich lauschst,
hörst du nicht nur Worte.

Du hörst dein eigenes Licht.

Denn was Maria verkörpert,
lebt in jedem Menschen,
der sich dem Weg der Liebe mehr verpflichtet fühlt als
dem Weg der Macht.

Maria ist kein Denkmal.

**Sie ist ein Spiegel.**

Und wenn du hineinschaust, wirst du vielleicht erkennen:

> **Sie war nie weit entfernt –
> sie war immer du.**

# Kapitel 3: Thomas – Was Jesus wirklich sagte

### Innere Offenbarung statt äußerem Dogma

*Stell dir vor ...*
du betrittst keine Kirche.
Du liest kein Evangelium wie die anderen.

Du sitzt still.

Und eine Stimme spricht –
nicht laut,
sondern tief in dir.

Es gibt kein Gleichnis,
keine Wunder,
keinen Tod am Kreuz.

Nur Worte.

Reine,
rohe Wahrheit.

Das Thomasevangelium ist keine Geschichte,
sondern ein Echo.

Ein Echo aus 114 Sprüchen,
die als Logien bezeichnet werden.

Sie sprechen nicht von Jesus,
sondern von dir.

Nicht über Dogma,
sondern über Erwachen.

> *„Wenn ihr euch selbst erkennt,*
> *werdet ihr erkannt werden."*

Jesus,
so wie er hier spricht,
ist kein Erlöser im klassischen Sinne.

- Er ist ein Spiegel.
- Ein Lehrer des Lichts.

- Er fordert dich nicht auf, ihm zu folgen.
- Er fordert dich auf, **du selbst zu werden**.

> *„Wenn ihr das, was in euch ist, hervorbringt, wird es euch retten.*
>
> *Wenn ihr das nicht hervorbringt, wird es euch zerstören."*

Was wäre,
wenn „Gott"
kein ferner Richter ist,
sondern ein inneres Feuer,
das nur darauf wartet,
erkannt zu werden?

Was,
wenn Himmel und Hölle
keine Orte sind,
sondern Zustände
deiner Seele?

Jesus sagt im Thomasevangelium:

- „Das Königreich ist in euch – und außerhalb von euch."
- Und: „Wer sich selbst kennt, kennt den Vater."
- Er spricht nicht zu deinem Verstand.
- Er spricht zu deinem inneren Ort.

Dem Ort,
an dem du nicht glaubst,

sondern **erkennst.**

## Innere Stimme statt äußerer Autorität

Thomas steht für eine Revolution im Verborgenen.

Keine Banner,
keine Kirchen.

Keine Macht.
Nur Einsicht.

Er steht für ein Christusbild,
das nicht angebetet,
sondern
**verkörpert** werden will.

Nicht *„Glaube an mich"* – sondern: *„Erkenne dich."*

Er zeigt den Christus,
der in dir lebt –
nicht als historische Figur,
sondern als Prinzip der Selbsterkenntnis.

## Was Thomas dir heute sagen würde:

- Hör auf zu warten.
- Hör auf, dich zu verstecken.
- Du trägst das Licht bereits in dir.
- Du brauchst keinen Tempel.
- Du bist der Tempel.
- Du brauchst keinen Mittler.
- Du bist das Gefäß des Göttlichen.

Wenn du die Worte dieses Evangeliums liest –

dann lies sie nicht wie religiöse Sprüche.

Lies sie wie **Samen**.

Was daraus wächst, liegt in deinem Inneren.

Denn das Königreich ist nicht später.

Es ist **jetzt**.

## Kapitel 4: Jubiläen – Der göttliche Kalender

### Zeit als Erinnerung des Himmels

*Stell dir vor...*
Zeit wäre nicht das,
was dich antreibt.

Nicht die Uhr,
die dich mahnt.

Nicht das Kalenderblatt,
das fällt.

Sondern ein heiliges Lied,
in dem jeder Ton,
jede Stille,
vom Ursprung selbst gesetzt wurde.

**Willkommen im Buch der Jubiläen.**

Einer verborgenen Chronik
die nicht mit Tinte,
sondern mit Sternen
geschrieben wurde.

Nicht gedacht zur Kontrolle –

sondern zur **Erinnerung**.

Diese Schrift,
die auch als „Kleine Genesis"
bezeichnet wird,
erzählt
die uralte Geschichte noch einmal.

Aber diesmal nicht als Linie –
sondern als **Kreis**.

*„Alle Dinge wurden geordnet –*
*nach Wochen, Jahren und Heiligen Tagen."*

Sie teilt die Weltgeschichte in **Jubiläen** –
Abschnitte von je 49 Jahren.

Sie spricht von einem Jahr mit **364 Tagen** –
einem Kalender des Lichts,
der der Ordnung des Himmels entspricht,
nicht der Unruhe der Welt.

**Rhythmus statt Rastlosigkeit**

Hier wird Zeit zum Tempel.

Der Sabbat zum Herzschlag.

Die Feste zum Spiegel der göttlichen Ordnung.

Nicht Chaos,
nicht Zufall –
sondern
ein heiliger Ablauf.

- Abrahams Berufung,
- Noahs Arche,
- die Gabe der Gebote – alles geschieht **im Rhythmus**.
  Nichts ist willkürlich.

Alles eingebettet in die göttliche Partitur.

Und dieser Rhythmus – er lebt **auch in dir**.

**Eine andere Art zu leben**

- Was, wenn du dich nicht mehr von außen hetzen lässt?
- Was wäre, wenn du dich erinnerst?
- Du bist nicht für Eile geschaffen.
- Du bist für Tiefe geschaffen.

> *„Denn in diesem Kalender*
> *herrscht keine Unordnung.*
> *Er wurde dem Himmel entnommen."*

Das Buch der Jubiläen lehrt keine Gesetze.

Es erinnert an **Zusammenhänge**.

An ein Weltgefüge,
das dich trägt –
wenn du bereit bist,
wieder zu horchen.

**Was Jubiläen dir heute sagen würde:**

- Halte inne.
- Nicht, um zu fliehen.
- Sondern, um zurückzukehren.

Der wahre Kalender ist nicht aus Papier.

Er ist aus Licht.

Heilige Zeit ist kein Zwang.

Sie ist Einladung.

Halte den Sabbat nicht,
weil du musst –
sondern
weil du dich **erinnern willst.**

Wenn du dich wieder einfügst in den göttlichen Rhythmus, dann erkennst du:

**Auch dein Leben hat Ordnung.**

Nicht durch Kontrolle –
sondern durch Vertrauen.

- Lies Jubiläen nicht wie einen Zeitplan.
- Lies es wie eine Landkarte zur Rückkehr.
- Zurück zu dir.
- Zurück zur Ordnung des Lichts.

# Kapitel 5: Jaschar – Die Chronik der Menschheit

**Ein geheimes Band zwischen Anfang und Jetzt**

*Stell dir vor ...*
es gäbe ein Buch,
das nicht nur erzählt,
sondern auch **verbindet.**

Ein Faden,
der vom ersten Atem Adams
bis zu den letzten Worten des Mose reicht –
nicht
als starre Chronologie,
sondern
als lebendige Erzählung
von **Wachstum,**
**Wandlung,**
**und Würde.**

Dieses Buch ist **Jaschar** –
*„das Buch des Aufrechten".*

Es ist ein Werk, das in der Bibel selbst erwähnt wird
(Josua 10:13, 2. Samuel 1:18),
doch es war jahrhundertelang verschollen.

Und nun?

Jetzt kehrt es zurück –
nicht als Beweisstück,
sondern als **Spiegel.**

**Die Geschichte zwischen den Zeilen**

Jaschar füllt Lücken.

Er erweitert das Bild.

Er zeigt uns die Erzväter –
nicht als Ikonen,
sondern als **Menschen**.

Abraham,
der nicht nur gehorcht,
sondern ringt.

Noah,
der nicht nur gehorcht,
sondern zögert.

Jakob,
der nicht nur segnet,
sondern träumt.

> *„Und Abraham sprach:*
> *Solange mein Herz in mir lebt,*
> *will ich den Namen des Höchsten preisen."*

Jaschar erzählt nicht trocken.

Er lässt die Geschichten **atmen**.

Er erinnert uns daran,
dass unsere geistigen Ahnen
nicht perfekt waren –
aber aufrecht.

**Was war – ist auch in dir**

Jaschar ist mehr als nur Geschichte.

Es ist die Erinnerung an eine Struktur,
die auch **dein Leben** trägt.

Denn du bist Teil dieser Linie.

Nicht durch Blut,
sondern durch **Bewusstsein.**

Du bist ein Kind des Lichts,
wenn du dich erinnerst.

Nicht an Fakten –
sondern an deine **innere Herkunft.**

> *„Denn Esau verachtete die Erstgeburt,*
> *aber Jakob hütete sie*
> *in seinem Herzen*
> *wie Feuer."*

Was du ehrst,
wird wachsen.

Was du verachtest,
wird vergehen.

Jaschar ruft dich nicht zur Frömmigkeit auf –
sondern zur **Würde.**

**Was Jaschar dir heute sagen würde:**

Du bist nicht nur das Ende einer Ahnenreihe.

Du bist ihr **Weitergehen.**

Deine Geschichte begann nicht bei deiner Geburt –
sie begann **am Anfang des Anfangs**.

Und auch
wenn vieles verloren scheint –
die Erinnerung lebt in dir.

Wenn du bereit bist zu lesen –
nicht mit dem Verstand,
sondern mit der **Achtung eines Hüters** –
wirst du erkennen:

Du bist nicht allein unterwegs.
Du bist **Verbindung**.

Jaschar sollte nicht wie ein Geschichtsbuch gelesen werden.

Lies es wie ein Lagerfeuer,
an dem deine Ahnen sitzen –
und dir ihre Seele schenken.

## Kapitel 6: Baruch – Die Endzeitvision

### Trost aus den Trümmern, Licht durch die Asche

*Stell dir vor…*
du stehst auf einer Anhöhe.
Unter dir –

eine zerstörte Stadt.
Rauch.

Trümmer.

Leere.

Und mitten in dieser Stille
ertönt eine Stimme.

Nicht laut.

Nicht anklagend.

Sondern klar.

Fest.

Trostvoll.

**Es ist Baruch.**

Der Schreiber des Propheten Jeremia.

Doch nun spricht er selbst –
mit Worten, die durch Ruinen gehen,
wie Licht durch Nebel.

**Eine Apokalypse, die heilt**

Das zweite Buch Baruch,
auch „**Apokalypse des Baruch**" genannt,
entstand nach dem Fall Jerusalems
im Jahr 70 n. Chr.
Es ist keine Drohung.

Keine Weltuntergangsphantasie.

Es ist ein **Ruf zur Rückkehr.**

Baruch sieht,
was verloren scheint,
und schreibt trotzdem:
Hoffnung.

Er erkennt das Dunkel –
und bleibt dennoch aufrecht.

Denn er weiß:
Was vergeht,
muss nicht sterben.

Es kann sich **wandeln.**

> *„Wie ein Same unter der Erde ruht,*
> *so ruht das Reich Gottes –*
> *und wird hervorgehen zu seiner Zeit."*

**Visionen für Zeiten des Umbruchs**

Baruch empfängt Bilder:
vom kommenden Messias,
vom neuen Jerusalem,
und vom Erwachen der Gerechten.

Aber auch:
von Prüfungen,
vom Schmerz der Welt,
von einer Zeit, in der das Licht
fast vergessen scheint.

Und doch:
Nie lässt ihn die Hoffnung los.

> *„Die Welt wurde nicht umsonst erschaffen –*
> *und sie wird nicht umsonst vergehen."*

Was vergeht, ist die Hülle.

Was bleibt, ist der Kern.

**Ein Ruf für uns – heute**

Baruch spricht nicht nur zu einem Volk im Exil.

Er spricht zu **dir**,
wenn du dich in dieser Welt fremd fühlst.

Wenn du spürst:

*„Etwas stimmt nicht – aber ich weiß nicht, was."*

Er sagt:

> *„Du musst nicht fliehen.*
> *Du darfst wurzeln.*
> *Tiefer.*
> *Wahrhaftiger.*
> *Im Vertrauen,*
> *dass das Licht wiederkommt."*

Denn das Licht **war nie weg**.
Es war nur verschüttet –
unter den Trümmern der Angst.

**Was Baruch dir heute sagen würde:**

Fürchte die Dunkelheit nicht.
Sie ist nicht der Feind.
Sie ist der Raum,
in dem du das Licht erkennst.

Die Umkehr beginnt nicht mit Reue –
sondern mit **Bewusstsein**.

Wachsein ist Widerstand.
Hoffnung ist Mut.
Standhaftigkeit ist Liebe.

> *„Der Mensch, der standhält,*
> *ist wie ein Baum –*
> *tief verwurzelt, selbst im Sturm."*

Lies Baruch nicht wie eine Apokalypse.
Lies ihn wie einen **Kompass**.
Er zeigt dir keinen Fluchtweg –
sondern den Weg **nach Hause**.

# Kapitel 7: Hermas – Die Stimme der Umkehr

### Ein Hirte ruft – nicht zur Religion, sondern zur Erinnerung

*Stell dir vor...*
ein einfacher Mann lebt in einer riesigen Stadt.
Rom – das Herz des Reiches.
Lärm. Glanz. Gier.
Doch da ist einer, der nicht mitläuft.

Sein Name ist **Hermas**.
Er ist weder Apostel noch Gelehrter oder Prophet.
Er ist wie du.
Wie ich.

Aber eines Tages begegnet er einem Engel –
in Gestalt eines Hirten.

Von da an beginnt sein Inneres zu sprechen.

## Kein Dogma – sondern Vision

Der „**Hirte des Hermas**" ist kein theologisches Lehrbuch.
Er ist ein Wegbegleiter.
Eine Sammlung von Visionen, Gleichnissen und Dialogen.

Entstanden im 2. Jahrhundert in Rom.
Zu einer Zeit, in der das junge Christentum bereits
zwischen Macht und Geist zerrieben wurde.

Hermas erhält Bilder, die nicht belehren –
sondern erinnern:

Ein Turm aus lebendigen Steinen.

Ein welkender Baum, der durch Reue wieder grün wird.

Ein Engel, der lehrt, dass Umkehr keine Strafe ist, sondern
Rückkehr ins Leben.

> „Die Reue ist der große Neubeginn –
> der zweite Atem Gottes."

## Einfache Bilder – tiefe Wahrheit

Hermas spricht nicht kompliziert.
Er spricht aus dem Herzen.

Er zeigt:
Erlösung ist kein Gehorsam.
Umkehr ist kein Schmerz.

Sondern:
Geduld. Ehrlichkeit. Stille.

Er ruft nicht zur Askese auf, sondern zur **Wahrhaftigkeit**.

Und vor allem:
zur Verantwortung.

> *„Wer umkehrt, trägt nicht nur sich –*
> *sondern auch die,*
> *die nach ihm kommen."*

**Eine Botschaft an die Seele**

Hermas erinnert uns daran,
dass wir nicht nur Einzelne sind –
sondern Teil eines lebendigen Bauwerks aus Licht.

Jeder Mensch, der sich läutert,
reinigt die Welt ein Stück mit.

Jede Erkenntnis, jede Reue, jede Klarheit
webt Fäden der Heilung in das Netz des Ganzen.

Und:
Es ist nie zu spät.

> *„Die Welt wird erschüttert werden –*
> *aber wer auf dem Felsen steht,*
> *wird nicht fallen."*

**Was Hermas dir heute sagen würde:**

Gib dich nicht auf, wenn du gestolpert bist.

Die Kraft zur Umkehr
liegt nicht in deiner Perfektion –
sondern in deiner Aufrichtigkeit.

Umkehr ist kein Rückschritt.

Sie ist ein **Heimkommen.**
Du musst nicht rein sein,
um gehört zu werden.

Du musst nur bereit sein,
ehrlich zu schauen.

> „Wer sein Herz läutert,
> bereitet darin eine Wohnung
> für den Geist."

Lies Hermas nicht wie eine moralische Schrift.

Lies ihn wie ein Gespräch mit deinem besseren Ich.

Denn vielleicht – ganz vielleicht –
bist du selbst der nächste Hirte.

Nicht über andere –
sondern über das,
was in dir wächst.

# Kapitel 8: Salomo – Weisheit jenseits der Dogmen

## Ein König, der nicht herrscht – sondern lauscht

*Stell dir vor ...*
ein König sitzt nicht auf dem Thron,
um zu regieren,
sondern um zu verstehen.

Er fragt nicht: *„Was ist erlaubt?"*
Sondern:
*„Was ist wahr – im Licht der Liebe?"*

Sein Name war **Salomo**.
Was von ihm bleibt,
ist mehr als ein Tempel aus Stein.
Es ist ein Raum aus Stille.
Ein Duft von Weisheit.

> *„Die Weisheit ist ein Hauch der göttlichen*
> *Kraft – und ein reines Ausfließen der*
> *Herrlichkeit des Allherrschers."*
> *(Weisheit Salomos 7,25)*

## Sophia – das Herz Gottes

In der apokryphen **„Weisheit Salomos"**,
die um das 1. Jahrhundert v. Chr. entstand,
spricht Salomo nicht als Richter,
sondern als Liebender.

Er verehrt nicht die Macht,
sondern **Sophia** – die weibliche Weisheit.

Sie ist kein Besitz.
Keine Lehre.
Keine Institution.
Sondern:
Gegenwart.
Duft.
Inspiration.

> *„In ihr ist ein Geist,*
> *der heilig, einzigartig, fein, beweglich,*
> *durchsichtig und freundlich ist."*
> (Weisheit Salomos 7,22f)

**Zwischen den Welten**

Diese Schrift verbindet das alte Judentum
mit dem griechischen Denken.

Sie schlägt Brücken:
zwischen Philosophie und Prophetie,
zwischen Ost und West,
zwischen Herz und Verstand.

Salomo wird zum Wanderer.

Er bewegt sich zwischen der Welt des Geistes und dem
Staub der Erde.

Zwischen Wissen und Weisheit.

Denn Wissen kann man lehren.
Doch Weisheit …
kann man nur werden.

**Was Salomo dir heute sagen würde:**

Suche nicht die richtige Meinung.
Suche die **tiefere Schau.**

Weisheit beginnt dort,
wo das Bedürfnis endet,
Recht zu haben.

Sie ist nicht laut.
Nicht stolz.
Sie kommt auf leisen Sohlen.
Und sie heilt durch Einsicht,
nicht durch Argumente.

> *„Die Weisheit führt sanft – aber sicher.*
> *Sie widersteht dem Bösen,*
> *ohne zu kämpfen.*
> *Sie wandelt,*
> *ohne zu zerstören."*

**Ein letzter Blick**

Salomo steht nicht für ein goldenes Reich.

Er steht für das Reich **in dir** –
wenn du beginnst, zuzuhören.

Nicht den Stimmen der Welt,
sondern der leisen Stimme in dir,
die du oft überhörst.

Sie sagt dir nicht, was du tun musst.

Sondern:
Wer du schon immer warst.

**Lies Salomo nicht wie ein antikes Lehrbuch.**

Lies ihn wie eine Meditation.

Denn Weisheit ist kein Inhalt.

Sie ist ein Zustand.

Und wenn du darin verweilst –
verstehst du plötzlich,
was kein Wort je sagen kann.

## Persönliches Fazit – Nachklang von Teil 1

### Wenn Erinnerung Licht wird

Du hast nun acht Schriften berührt.
Oder besser: **Sie haben dich berührt.**
Nicht durch Doktrin.
Nicht durch Dogma.
Sondern durch das, was hinter den Worten pulsiert:
Erinnerung.

Henoch führte dich durch die Himmel.
Maria öffnete dein Herz.
Thomas sprach leise, aber klar.
Die Jubiläen gaben dir den Rhythmus zurück.

Jaschar erzählte Geschichten wie Atem.
Baruch lehrte Hoffnung inmitten von Trümmern.
Hermas flüsterte von Umkehr.
Und Salomo…
Salomo zeigte dir: Weisheit ist ein Zustand.

Jede dieser Schriften ist wie ein Fenster.
Ein anderes Licht.
Ein anderer Blick.

Und doch sprechen sie gemeinsam –
wie Instrumente eines einzigen Liedes.

Ein Lied, das dich erinnert:
Du bist nicht vergessen.
Du bist nicht getrennt.
Du bist gemeint.

Was die Mächtigen der Geschichte verbargen,
kehrt nun zurück – nicht mit Lärm,
sondern mit Liebe.

Nicht, um zu spalten.
Sondern, um zu heilen.

Wenn dich ein Satz bewegt hat,
wenn du an einer Stelle innehieltest,
wenn du plötzlich wusstest:
**Das bin ich** –
dann war es nicht der Text.
Dann war es deine Seele,
die sich selbst erkannt hat.

Dieses Buch will nichts beweisen.
Es will dich begleiten.
Auf deinem Weg –
zurück zu dir.

Und wenn du bereit bist,
dann nimm nun die Schlüssel in die Hand:
die Originaltexte.
Nicht als Pflicht.
Sondern als Einladung.
Nicht als Lehre.
Sondern als Licht.

Denn am Ende geht es nie um die Worte.
Sondern darum, **was sie in dir erwecken.**

## Schlussteil Teil 1

Was du hier gelesen hast, war nur der erste Schritt: eine Rückkehr zu verschüttetem Licht und verborgenen Stimmen, die nie ganz verstummt sind.

Doch jede Erinnerung ruft nach Tiefe.
Darum öffnet sich in Teil 2 ein neuer Raum: strukturierter und klarer, wie ein innerer Tempel.

Dort tauchen wir noch einmal in dieselbe Texte ein, allerdings aber nicht mehr nur poetisch, sondern mit dem Blick des Forschers.

Und für alle, die den Ruf noch weiter spüren:
Im **Begleitbuch „Die verborgenen Schriften"** findest du die vollständigen Originaltexte – ungekürzt, unbearbeitet und ungezähmt.

Sie warten nicht auf deinen Verstand.
Sie warten auf dein Erinnern.

## Teil 2: Einführung in die Schriften der verbotenen Wahrheit

*Ein strukturierter Überblick für die vertiefte Auseinandersetzung*

Sie wurden versteckt. Verbannt. Vergessen.

Und doch haben sie überlebt – leise, kraftvoll und wartend. Teil 2 ist der Pfad durch das Labyrinth der verbotenen Schriften. Hier geht es nicht mehr nur um die spirituelle Berührung, sondern um Einordnung und Verständnis.

- Was sind das für Texte?
- Woher stammen sie?
- Warum wurden sie ausgegrenzt?
  Und was sagen sie wirklich – jenseits von Mythen und Vorurteilen?

Hier findest du einen strukturierten Überblick: 44 Kapitel, die dich auf einen Streifzug durch verborgene Bücher, ihre Inhalte, ihre Botschaften und die spirituelle Essenz, die sie trotz aller Zensur bewahrt haben, mitnehmen.

Dieser Teil hilft dir, das poetisch Erlebte aus Teil 1 mit deinem Verstand zu verknüpfen.

Wie eine Karte in unbekanntem Gelände.
Und zugleich ist er eine Vorbereitung.

Denn im **Begleitbuch** findest du die vollständigen Originaltexte. Wort für Wort – für all jene, die nicht nur fragen, sondern sich erinnern wollen.

## Kapitel 9: Was sind apokryphe Schriften – und warum wurden sie zensiert?

*Stell dir vor ...*
du betrittst eine alte Bibliothek. Der Staub tanzt im Licht, das durch die hohen Fenster fällt. Reihen voller Bücher, Regale bis zur Decke. Doch an einigen Stellen sind die Regale leer. Spuren von etwas, das einst da war. Entfernt. Verbannt. Vergessen.
Und genau dort beginnt unsere Geschichte.

Die sogenannten **apokryphen Schriften** – von altgriechisch *apokryphos, „verborgen", „versteckt"* – sind keine dunkle Magie oder wilde Spekulation. Es sind Texte, die aus den heiligen Kanons entfernt oder nie aufgenommen wurden. Warum?

Weil sie unbequem waren. Weil sie Fragen stellten, wo Gehorsam gewünscht war. Weil sie vom inneren Erwachen sprachen und nicht von äußerem Gehorsam.

Es gibt keine einheitliche Liste dieser Schriften. Manche galten lange Zeit als heilig, wurden dann aber aus dem Kanon ausgeschlossen. Andere wurden im Verborgenen bewahrt – in Wüstenhöhlen, Klöstern und abgelegenen Bibliotheken. Und dann kehrten sie mit Funden wie Nag Hammadi oder Qumran zurück – wie Stimmen aus einer tieferen Zeit.

## Was macht eine Schrift „apokryph"?

Nicht ihre Herkunft. Nicht ihr Inhalt. Sondern ihre
Wirkung.

Als *„apokryph"* wird, was zu frei denkt. Was das Licht
nicht institutionell einhegt.

Was dich daran erinnert, dass du selbst Zugang hast – zum
Göttlichen, zur Wahrheit, zur Erkenntnis.

Viele dieser Texte sprechen:

- vom göttlichen Licht in dir, nicht über dir.
- Von einem Christus, der erinnert, nicht herrscht.
- Von einer Gnosis, einer Erkenntnis, die nicht
  gelehrt, sondern erfahren wird.
- Von Weisheit, die weiblich ist, weich und doch
  unbesiegbar.

## Warum wurden sie zensiert?

Nicht, weil sie falsch waren.
Sondern weil sie wahr waren – auf eine Weise, die keine
Macht duldet.
Ein Mensch, der erkennt, braucht keinen Vermittler.
Ein Herz, das leuchtet, lässt sich nicht knechten.
Und genau das war gefährlich.

Von Henoch bis Salomo, von Maria bis Hermas: Diese
Schriften berühren eine Tiefe, die nicht dressierbar ist.
Sie sprechen nicht nur zu deinem Verstand, sondern auch
zu deiner Erinnerung.

Und das ist der Grund, warum sie *„verloren"* gingen.
Weil sie dich erinnern könnten.

**Was sind apokryphe Schriften heute?**

Ein Ruf.
Ein leiser, aber kraftvoller Ruf an all jene, die spüren, dass
etwas fehlt.
Nicht in der Welt, sondern in der eigenen Überlieferung.
Sie sind kein Ersatz und auch keine Rebellion gegen den
Glauben.
Sie sind eine Ergänzung. Eine Einladung. Eine Rückkehr.

**Was dieses Kapitel dir sagen möchte:**

Wenn dir jemand sagt: *„Das gehört nicht dazu"*,
dann frage nicht nur: *„Warum nicht?"*,
sondern auch: *„Was wollte man mir damit nicht zeigen?"*

Denn manchmal liegt gerade im Verborgenen das,
was dich am tiefsten erinnert.

# Kapitel 10: Wie die Macht der Kirche das Licht verschleierte

*Stell dir vor ...*
ein Feuer wurde entzündet. Nicht von Menschenhand,
sondern aus der Tiefe der Wahrheit. Es brannte in den ersten Herzen – jenen, die mit Jesus gingen, mit Maria sprachen, in Höhlen schrieben und in Stille beteten.
Ein Feuer, das nicht zerstörte, sondern erinnerte.
Es richtete nicht, sondern heilte.

Doch dann kamen Strukturen, Regeln und Konzile.
Nach und nach wurde das Feuer in Lampen gefüllt –
sicher, kontrolliert und eingemauert.
Was einst leuchtete, wurde gefiltert.
Was einst frei sprach, wurde geprüft.
Was einst heilte, wurde katalogisiert – oder verbrannt.

**Wie konnte das geschehen?**

Nicht durch bösen Willen allein, sondern durch Angst.
Angst vor Machtverlust. Angst vor Eigenständigkeit.
Denn ein Mensch, der erkennt, lässt sich nicht leiten,
sondern geht selbst.
Und eine Kirche, die leiten will, braucht Menschen, die ihr
folgen.

Ab dem 4. Jahrhundert, mit dem Konzil von Nicäa im Jahr
325 n. Chr., veränderte sich der Kurs:

- Nicht mehr Vielfalt, sondern Einheit.
- Nicht mehr Erleben, sondern Dogma.
- Nicht mehr das Innere, sondern das Äußere zählte.

Was nicht passte, wurde ausgeschlossen.

Henoch? Zu radikal.
Maria? Zu weiblich.
Thomas? Zu innerlich.
Jaschar? Zu menschlich.
Baruch? Zu rebellisch.

> Hermas? Zu ungehorsam.
> Salomo? Zu frei.

Die Listen der heiligen Schriften wurden von Bischöfen beschlossen, nicht von Propheten. **Damit begann eine 1700-jährige Ära kirchlicher Kontrolle.**

Nicht nur über Texte, sondern auch über Herzen.

**Aber die Wahrheit lässt sich nicht aufhalten.**

Sie schläft.
Sie wartet.
Und sie flüstert – in Träumen, in Visionen und Sehnsüchten.

Was in Qumran verborgen war und in Nag Hammadi verschüttet lag,
kehrt heute zurück.

Nicht mit Pomp. Nicht als Angriff.
Sondern als Einladung.

> **Nicht *gegen* die Kirche – sondern *jenseits* von Macht.**
> **Nicht *für* neue Regeln – sondern *zurück* zur Quelle.**

**Was dieses Kapitel dir sagen möchte:**

Die Kirche war nie der Feind.
Es war der Machtmissbrauch.

Institutionen können Licht tragen –
aber nur, wenn sie dieses Licht nicht verdecken.

Du brauchst keine Erlaubnis, um zu glauben.
Du brauchst keine Lizenz, um dich zu erinnern.
Das Licht war nie weg.
Es war nur zugedeckt –
in dir.

## Kapitel 11: Warum das Weibliche verdrängt wurde – und jetzt zurückkehrt

*Stell dir vor …*
die Schöpfung wäre ein Kreis.
Eine Hälfte wäre Sonne, die andere Hälfte der Mond.
Eine Hälfte wäre Wort, die andere Hälfte die Stille.
Einatmen. Ausatmen.
Männlich. Weiblich.

Stell dir jetzt Folgendes vor: Man hätte diesen Kreis in zwei Hälften geteilt.
Eine Hälfte hätte man verehrt, die andere verdammt.
Hätte das Weibliche aus der Lehre gestrichen, aus den Altären verbannt und aus den Büchern getilgt.
Genau das ist geschehen.

Nicht, weil das Weibliche schwach war.
Sondern weil es zu kraftvoll war.
Denn das Weibliche im Spirituellen steht für:
Empfang. Intuition. Hingabe. Heilung.

Nicht Beherrschung, sondern Verbindung.
Nicht Kontrolle, sondern Vertrauen.

**Maria Magdalena wurde zur Sünderin erklärt.**

Nicht, weil sie gesündigt hatte, sondern weil sie zu nah an der Wahrheit war.
Weil sie gesehen hatte. Gehört. Geliebt.
Und das machte sie gefährlich – für jene, die Macht nur in Hierarchien denken konnten.

Die weibliche Seite Gottes wurde verschwiegen.

- Sophia – die Weisheit – wurde zur Randfigur.
- Miriam – Prophetin, Schwester des Mose – zur Fußnote.

Das weibliche Prinzip wurde zersplittert, versteckt und entstellt.

Doch wer nur das Männliche verehrt, betet mit halbem Herzen.
Denn Gott ist nicht entweder oder.
Gott ist Ganzheit.

**Und jetzt? Jetzt kehrt es zurück.**
Nicht durch Kampf, sondern durch Erinnerung.
Nicht als Protest, sondern als Heilung.

Immer mehr Menschen spüren:
Die Welt braucht keine Härte mehr.
Sie braucht Tiefe.
Nicht mehr Befehl, sondern Berührung.

Das Weibliche kehrt zurück –
in der Sprache, in der Musik, in der Art zu führen, zu
lehren und zu lieben.

Nicht nur in Frauen.
Sondern in allen Menschen.
Denn jeder Mensch trägt beides:
den Krieger und die Priesterin.
Den klaren Blick und das Mitgefühl.

Und so ist auch dieses Buch ein Ruf nach Balance.
Nicht gegen Männer.
Sondern für die Rückkehr des Ganzen.

**Was dieses Kapitel dir sagen möchte:**

Wenn du deinen inneren Weg gehst,
dann erkennst du, dass wahre Stärke weich ist.
Dass Weisheit zuhört, bevor sie spricht.
Dass Heilung nicht von oben kommt, sondern aus der
Tiefe.
Und dass das Weibliche nicht zurückkehrt, um zu
herrschen,
sondern um zu erinnern.

## Kapitel 12: Warum heute die Zeit der Rückkehr ist – und was sie von dir braucht

*Stell dir vor ...*
du wächst auf und spürst, dass etwas nicht stimmt.
Nicht draußen. Drinnen.

Wie ein leises Ziehen im Herzen.
Ein Ruf, der nicht laut ist, aber deutlich.
Du kannst ihn nicht ignorieren.
Denn es ist die Zeit der Rückkehr.

**Rückkehr wozu?**

Zur Wahrheit.
Nicht die Wahrheit, die man dir beigebracht hat.
Sondern zu der, die immer schon in dir war.
Still, geduldig und wartend.

Wir leben in einer Welt voller Ablenkungen.
Informationen überfluten uns.
Wissen ist allgegenwärtig, doch Weisheit scheint rar zu sein.
Und während sich die Welt da draußen immer schneller dreht,
spüren viele innen:
Es reicht.

Nicht im Sinne von *„genug"*,
sondern im Sinne von: Jetzt ist der Punkt erreicht.
Die alten Muster greifen nicht mehr.
Die alten Geschichten nähren uns nicht mehr.
Die alten Götter schweigen – oder schreien.

Doch plötzlich beginnt etwas anderes zu sprechen:
die stille Stimme.
Die Erinnerung.
Der leuchtende Faden deiner Seele.

Diese Zeit ist kein Zufall.
Sie ist ein Portal.
Du bist eingeladen, aber nicht gezwungen oder gedrängt.
Nur eingeladen.
Wie ein verlorenes Kind, das den Heimweg erkennt.
Wie ein Same, der endlich aufbrechen darf.

**Die verborgenen Schriften kehren zurück.**

Nicht, um neue Dogmen zu bringen.
Sondern um alte Ketten zu lösen.
Henoch, Thomas, Maria, Hermas und Salomo – sie alle
sprechen.
Nicht zu deinem Verstand,
sondern zu deinem inneren Licht.

Sie sagen nicht: *„Folge uns!"*
Sie sagen: *„Erinner dich!"*

**Aber wozu ruft dich diese Rückkehr?**

Nicht zu großen Taten.
Nicht zu lautem Widerstand.
Sondern zu leiser Aufrichtigkeit.
Zu einem Leben im Einklang –
mit deinem Herzen, deinem Gewissen und deiner Tiefe.

Für diese Rückkehr braucht es Mut.
Nicht den Mut der Helden.
Sondern den Mut, still zu werden.
Den Mut, sich selbst zu begegnen.
Ohne Ausreden. Ohne Maske.

Denn die Rückkehr ist kein Ziel.
Sie ist ein Prozess.
Ein tägliches Wiedererinnern.
Ein tägliches Ja zu dir selbst.

**Was dieses Kapitel dir sagen möchte:**

Du bist nicht zu spät.
Du bist nicht zu schwach.
Du bist nicht unwürdig.

Du bist eingeladen.
Jetzt.
In diesem Moment.

Alles, was du brauchst, ist bereits vorhanden.
Nicht perfekt. Aber lebendig.
Nicht vollständig. Aber echt.
Und das reicht.
Mehr, als du denkst.

Denn du bist Teil dieser Rückkehr.
Nicht als Zuschauer,
sondern als Stimme.
Als Licht.
Als Mensch.

## Kapitel 13: Der neue Bund – Gnade statt Gesetz

*Stell dir vor …*
ein Bund, nicht auf Steintafeln geschrieben,
sondern auf das Herz.
Ein Vertrag, nicht zwischen Macht und Unterwerfung,

sondern zwischen Licht und Erinnerung.
Ein neues Versprechen –
nicht von Priestern gemacht,
sondern von der Ewigkeit selbst.

Der neue Bund beginnt nicht mit Angst.
Er beginnt mit Gnade.

Nicht Gnade als Belohnung,
sondern Gnade als Natur.
Wie Licht, das scheint – einfach weil es Licht ist.
Nicht, weil du es verdient hast.

Im alten Denken galt:
*„Gehorche, sonst wirst du verstoßen."*
Halte das Gesetz, sonst wirst du gerichtet.

Die verborgenen Schriften sagen jedoch etwas anderes.
Henoch sah ein Gericht, ja.
Doch er sah auch:
Es ist keine Strafe, sondern eine Wiederherstellung.
Ein Zurückführen ins Gleichgewicht.

Maria spricht nicht vom Opfer.
Sie spricht vom Erkennen.
Thomas schreibt kein Gesetz.
Er überliefert ein Lichtwort:

*„Wenn ihr das in euch hervorbringt, wird es euch retten."*

Gnade bedeutet:
Du bist schon gemeint.
Nicht, weil du alles richtig machst, sondern weil du bist.

Und dieses Sein wird nicht verbessert durch Gehorsam –
es wird erinnert durch Liebe.

Der neue Bund sagt:

> *„Nicht mehr Blut am Altar.*
> *Sondern Licht im Innern.*
> *Nicht mehr äußere Vorschriften.*
> *Sondern innerer Klang."*

> *„Ich werde mein Gesetz in ihr Herz schreiben,*
> *und sie werden mich erkennen,*
> *nicht durch Belehrung, sondern durch Beziehung."*
> *(Jeremia 31, sinngemäß)*

Dieser neue Bund ist kein Erlass.
Er ist ein Erwachen.

**Was heißt das für dich?**

Es heißt:

- Du darfst aufhören zu kämpfen.
- Du darfst aufhören, dich schuldig zu fühlen.
- Du darfst beginnen, dich wieder zu spüren.
- Denn du bist Teil dieses Bundes – nicht durch Taufe,
  nicht durch Worte, sondern durch das Licht, das in
  dir lebt.

**Was dieses Kapitel dir sagen möchte:**

Du bist frei.
Nicht als Idee, sondern als Wahrheit.
Die Gnade fragt nicht nach deiner Vergangenheit.

Sie fragt nur:
*„Willst du dich erinnern?"*

Du bist gemeint.
Nicht irgendwann.
Jetzt.
Der neue Bund ist kein Buch.
Er ist deine lebendige Verbindung –
zwischen Himmel und Herz.

# Kapitel 14: Die Rückkehr des weiblichen Prinzips

## Erinnerung an das Verlorene

*Stell dir vor ...*
ein Strom fließt durch die Schöpfung.
Er ist nicht laut.
Er drängt sich nicht auf.
Aber ohne ihn verdorrt alles.
Dieser Strom ist das Weibliche.
Nicht als Geschlecht, sondern als Kraft.
Als Prinzip. Als Seele der Welt.

In alten Zeiten war sie noch präsent:
die Weisheit (Sophia),
die große Mutter,
die Priesterinnen des Lichts.
Maria Magdalena – nicht als Schatten am Rand,
sondern als Stimme des Inneren.
Isis, Inanna, Sophia – sie alle standen für eine Quelle,
die das Leben nicht kontrolliert, sondern nährt.

**Dann kam der Bruch.**

Das Männliche übernahm – nicht in seiner wahren Größe,
sondern in verzerrter Form:
Macht statt Schutz,
Ordnung statt Verbundenheit,
Dogma statt Weisheit.

Das Weibliche wurde verdrängt.
Nicht nur in der Kirche,
sondern auch in den Herzen der Menschen.
In den Kulturen. In den Familien.
Und mit ihm:
die Intuition,
die Heilung,
die leise Stimme der Seele.

**Aber jetzt –**
**jetzt kehrt es zurück.**

Nicht als Rebellion,
sondern als Erinnerung.
Nicht gegen das Männliche,
sondern als Ergänzung.

Denn Licht braucht Form.
Aber Form braucht Gefühl.
Wahrheit braucht Klarheit.
Aber Klarheit braucht Mitgefühl.

Maria Magdalena verkörpert dieses Prinzip.
Nicht als Heilige, nicht als Heilerin –

sondern als Stimme,
die in dir sagt:

> **„Du musst nichts leisten, um göttlich zu sein. Du bist es – weil du bist."**

Was bedeutet das für dich?

Es heißt:
Du darfst weich sein, ohne schwach zu sein.
Du darfst fühlen, ohne dich zu verlieren.
Du darfst empfangen, ohne dich zu unterwerfen.

Der weibliche Weg ist:
Erinnern statt überzeugen.
Hören statt urteilen.
Führen durch Sein statt durch Befehlen..

**Was dir dieses Kapitel sagen möchte:**

Die Rückkehr des Weiblichen ist keine Modeerscheinung.
Sie ist ein Heilungsimpuls.
Für dich. Für die Welt.
Nicht das Weibliche als Form,
sondern als Frequenz.
Als Haltung.
Als Herz.

Wenn du sie wieder zulässt,
in dir,
in anderen,
in deinem Alltag –

wird etwas heilen,
was lange vergessen war.

Vielleicht wirst du erkennen:
Das Weibliche war nie fort.
Es wartete nur –
auf deine Rückkehr.

## Kapitel 15: Das innere Reich – Warum Gnosis mehr ist als Wissen

*Stell dir vor ...*
Erkenntnis wäre kein Vorgang im Verstand.
Sondern ein Heimkommen im Herzen.
Kein Sammeln von Fakten,
sondern ein Erwachen.

In den apokryphen Texten begegnet uns ein Wort immer wieder: **„Gnosis".**
Oft wird es mit *„Erkenntnis"* übersetzt.
Doch das greift zu kurz.

Gnosis meint keine Information.
Sie bedeutet Transformation.
Es geht nicht um Wissen über etwas,
sondern ein Wiedererkennen dessen, was schon immer in dir war.

Jesus sagt im Thomasevangelium:

> *„Wenn ihr euch selbst erkennt, werdet ihr erkannt werden." „Was ihr in euch habt, wird euch retten."*

Gnosis ist keine Lehre.
Sie ist ein Sehen mit dem inneren Auge.
Ein Erinnern mit der Seele.
Es ist ein Wissen, das nicht erlernt, sondern freigelegt wird.

Und deshalb ist sie für Systeme gefährlich,
die auf Kontrolle beruhen.
Denn wer sich selbst erkennt,
braucht keine Vermittler mehr.
Es gibt keine Instanz, die bestimmt, was richtig oder falsch ist.
Keine Struktur, die den Zugang zum Göttlichen reguliert.

Gnosis bedeutet: *„Du bist Teil des Lichts."*
Du warst es immer.
Du wirst es immer sein.

Nicht, weil du alles weißt, sondern weil du dich erinnerst.

**Warum ist das heute so wichtig?**

Weil wir in einer Zeit leben,
in der äußere Wahrheiten gegeneinander kämpfen.
Wissenschaft gegen Religion.
Dogma gegen Freiheit.
Meinung gegen Meinung.

Doch die wahre Revolution geschieht still –
wenn ein Mensch zu sich selbst zurückkehrt.

Gnosis heilt den Riss zwischen Innen und Außen.
Zwischen Himmel und Erde.
Zwischen dem Menschen und seiner Quelle.

Sie ruft dir zu:

> „Schau nicht nur mit den Augen.
> Höre nicht nur mit den Ohren.
> Fühle mit dem Herzen,
> dann wirst du sehen."

**Was dir dieses Kapitel sagen möchte:**

Du bist kein Suchender.
Du bist ein Erinnernder.

Der Weg liegt nicht außerhalb von dir.
Er ist in dir.
Und das Licht, das du suchst,
leuchtet vielleicht längst.
Du musst nur die Schleier heben.

Wenn du bereit bist, nicht nur zu glauben,
sondern zu erkennen,
dann beginnt Gnosis.
Nicht im Kopf,
sondern in der Stille deines Seins.

# Kapitel 16: Der göttliche Kalender – Zeit als heilige Ordnung

*Stell dir vor …*
es gäbe keine Uhr.
Es gäbe keinen Terminplan, keinen Stress und kein Ticken.
Zeit wäre ein heiliger Klang.

Ein Rhythmus, der die Seele führt.

Ein göttlicher Atem.

In den alten Texten, insbesondere im Buch der Jubiläen, wird eine Zeitordnung beschrieben, die sich von unserer unterscheidet.

Sie erzählen von einem Jahr mit **364 Tagen** – nicht, weil man sich verzählt hätte, sondern weil diese Zahl Ausdruck von Vollkommenheit war:

4 Richtungen × 91 Tage.

7 mal 7 Wochen plus ein Tag der Ruhe.

Ein Kreis aus Licht.

> *„Denn in diesem Kalender gibt es keine Unordnung. Er wurde dem Himmel entnommen."*

Die Zeit war eingebettet in **Zyklen**:

Feste, Sabbate, Neumonde und Jubeljahre.

Sie waren nicht willkürlich gewählt.

Sie waren vielmehr geoffenbart worden – wie ein himmlischer Bauplan.

**Warum ist das wichtig?**

Weil unsere moderne Zeit zu einem Hamsterrad geworden ist.

Schneller. Weiter. Mehr.

Doch heilige Zeit kennt kein „Mehr".
Sie kennt Tiefe. Präsenz. Erinnerung.

Der göttliche Kalender erinnert uns daran:
Du bist kein Zahnrad.
Du bist ein Wesen in einem lebendigen Kosmos.
Und dieser Kosmos atmet.

Frühere Kulturen wussten das:
Zeit war ein Kreis, kein Strich.
Ein Tanz, kein Rennen.

**Was der göttliche Kalender dir sagen möchte:**

Kehre in den Rhythmus des Lebens zurück.
Nicht, um ein altes System zu übernehmen,
sondern um dich wieder einzufinden
in ein größeres, stilleres Muster.

Spüre die Zyklen:

- die Stille des Neumonds.
- Die Reife der Jahreszeiten.
- Die Kraft der Ruhe am siebten Tag.

Nicht als Gesetz, sondern als Einladung.

> *„Halte den Sabbat nicht, weil du musst.*
> *Halte ihn, weil du dich erinnern willst."*

**Vielleicht braucht deine Seele nicht mehr Wissen,**
sondern Einklang.

Vielleicht ist die Zeit nicht dein Gegner,
sondern deine Lehrerin.

Wenn du lernst, ihr wieder zuzuhören,
wirst du nicht älter.
Du wirst weiser.

## Kapitel 17: Der Schleier der Zensur – Warum verbotene Bücher gefährlich wurden

*Stell dir vor ...*
Worte könnten Feuer sein.
Nicht, weil sie zerstören,
sondern weil sie entflammen.
Weil sie die Dunkelheit durchdringen,
Wunden berühren und
Mächte infrage stellen.

Die apokryphen Schriften waren solche Worte.

Sie waren nicht verboten, weil sie falsch waren,
sondern, weil sie frei waren.

Sie sprachen von Gnade ohne Institution,
von Erkenntnis ohne Mittler,
von einer göttlichen Ordnung jenseits der Macht der Menschen.

Sie sagten:

> *„Du brauchst keinen Tempel,*
> *wenn dein Herz bereit ist."*

Und das war gefährlich!

**Zensur begann nicht mit dem Feuer.**

Sie begann mit Auswahl.

Konzile entschieden,
was *„orthodox"* sei und was *„abseitig"*.
Was in den Kanon aufgenommen wurde –
und was nicht.

Doch die Wahrheit lässt sich nicht einhegen.

Die Bücher von Henoch, Thomas, Maria, Baruch, Jaschar
und vielen anderen
wurden als *„gefährlich"* eingestuft.
Nicht, weil sie gegen die Liebe sprachen,
sondern weil sie zu sehr in ihr aufgingen.

Sie kündeten von einem Gott,
der in dir wohnt.
Nicht in Hierarchien.
Nicht in Dogmen.

> *„Das Königreich ist in euch und außerhalb*
> *von euch."*
> *(Evangelium nach Thomas)*

**Warum wurden sie zensiert?**

Weil sie die Menschen wachrüttelten.
Weil sie das Bild eines Gottes zeichneten,
der sich nicht kontrollieren lässt.

Sie waren wie offene Fenster
in einem Raum voller Schatten.

Ein Mensch, der erkennt,
dass er Licht in sich trägt,
ist nicht mehr manipulierbar.

Ein Mensch, der sich erinnert,
wird nicht mehr geführt, denn
er geht seinen eigenen Weg.

**Zensur war nie nur Unterdrückung.**
Sie war der Versuch, das Licht zu portionieren.
In kleine Häppchen.
Beherrschbar. Berechenbar.

Doch das Licht lässt sich nicht teilen.
Es strahlt – oder es wird verborgen.

Und die verbotenen Bücher?
Sie wurden nicht zerstört.
Sie gingen in den Untergrund.
Sie warten.

Sie warten bis eine Zeit kommt,
unsere Zeit? –
in der Menschen wieder Fragen stellen:

*„Was wurde uns verschwiegen?"*

**Was dieser Schleier dir sagen will:**

Stelle Fragen!
Nicht aus Rebellion,
sondern aus Wahrheitshunger.

Lies die Texte, die man dir nicht zeigen wollte.
Nicht um gegen etwas zu kämpfen,
sondern um zu verstehen,
warum man sie verborgen hat.

Vielleicht wirst du erkennen:
Es war nicht die Dunkelheit, die man fürchtete,
sondern das Licht.

Denn Licht macht sichtbar.
Und wer sichtbar ist,
der erinnert sich.

## Kapitel 18: Die Macht des Vergessens – Wie die innere Trennung begann

*Stell dir vor ...*
du wachst eines Morgens auf –
und du hast vergessen, wer du bist.

Nicht deinen Namen.
Sondern das, was darunter liegt:
Dein Licht.
Deine Herkunft.
Deine Aufgabe.

So beginnt der größte Verlust der Menschheit.
Nicht der Verlust eines Paradieses,
sondern der Verlust der Erinnerung daran.

**Vergessen ist kein Unfall.**

Es ist ein Prozess.
Langsam. Leise. Tief.

Er beginnt nicht im Kopf,
sondern im Herzen.

Wenn Rituale lebendiger sind als die Wahrheit,
wenn Regeln wichtiger werden als Erkenntnis,
wenn man dich lehrt, zu gehorchen,
anstatt zu vertrauen,

dann beginnt die Trennung.

In den alten Schriften wird davon berichtet,
wie sich der Mensch von der Quelle entfernte.
Nicht weil er verstoßen wurde,
sondern weil er sich selbst verlor.

Henoch sieht, wie die Zeit aus der Ordnung gerät.
Maria spricht von inneren Mächten,
die die Seele auf ihrem Weg aufhalten.
Thomas ruft zur Selbsterkenntnis auf –
nicht als Ziel, sondern als Rückkehr.

Und doch...
dieser Ruf wurde übertönt.
Mit Dogmen.

Mit Angst.
Mit Hierarchien.

**Die Trennung begann...**

**... nicht zwischen Mensch und Gott –
sie begann zwischen Mensch und sich selbst.**

Denn wenn du vergessen hast,
dass du göttlich bist,
bist du steuerbar.

Wenn du glaubst, getrennt zu sein,
brauchst du Vermittler.

Und wenn du glaubst,
dass du unwürdig bist,
dann hörst du auf zu suchen.

**Doch das Vergessen hat einen Schwachpunkt:**

Es weiß nichts vom Herzen.

Denn dein Herz erinnert sich.
An Bilder.
An Klänge.
An ein Wissen, das nicht gelernt,
sondern gelebt wird.

Vielleicht weinst du,
wenn du zum ersten Mal eine Zeile aus dem *„Evangelium
der Maria"* liest.

Vielleicht bebt dein Innerstes,
wenn du Henochs Worte hörst.

Dann ist es keine Erkenntnis.
Es ist Erinnerung.

**Was dir dieses Kapitel zuflüstert:**

Du hast nichts verloren.
Es wurde lediglich verdeckt.
Verhüllt.
Vergessen.

Aber das Licht, das du suchst,
war nie fort.
Es schlief.
Und nun beginnt es zu leuchten.

Wenn du beginnst, dich zu erinnern,
bricht die Trennung auf.
Und die Rückkehr beginnt.

## Kapitel 19: Das Weibliche und der Verlust des Gleichgewichts

*Wie eine heilige Kraft zum Verstummen gebracht wurde*

*Stell dir vor ...*
die Schöpfung ist wie ein Atemzug,
ein Einatmen des Männlichen,
ein Ausatmen des Weiblichen.
Zwei Pole. Ein Kreis. Ein Gleichgewicht.

Und dann:
eines Tages hört man nur noch das Eine.
Der andere Atemzug wird unterbrochen.

Nicht aus Bosheit, sondern aus Angst.
Nicht aus Wahrheit, sondern aus Kontrolle.

In vielen der alten Schriften lebt das Weibliche noch.
Nicht nur als Frau,
sondern als Prinzip.

**Maria Magdalena** steht nicht nur als Gestalt am Grab,
sondern auch für das innere Wissen.
Sie steht für die stille Einsicht.
Sie ist weich, aber nicht schwach.

Im **Buch der Weisheit Salomos**
ist die göttliche Sophia selbst weiblich,
leise, durchdringend und ordnend.
Nicht herrschend, sondern heilend.

Und in vielen gnostischen Evangelien
ist es die Weisheit – nicht die Macht,
die zum Erwachen führt.

In der kirchlichen Geschichte
wurde dieses Gleichgewicht zerstört.

Das Weibliche wurde
umgedeutet zur Versuchung,
herabgesetzt zur Dienerin,
verbannt aus den Kanzeln
und ersetzt durch Gehorsam.

Aus Maria, der Wissenden,
wurde Maria, die Büßerin.

Aus Sophia der Weisheit
wurde Schweigen.

Aus innerer Erkenntnis
wurde äußere Ordnung.

So entstand ein Glaube,
der auf einem Bein stand.
Laut, mächtig, klar strukturiert –
aber innerlich aus dem Takt.

Denn ohne das Weibliche
fehlt dem Geist das Mitgefühl.
Fehlt dem Wort die Wärme.
Fehlt dem Licht die Weichheit.

Und ohne diese Tiefe
wird Religion zur Verwaltung.
Zur Kontrolle.
Zur Form ohne Feuer.

**Doch das Weibliche kehrt zurück.**

Nicht mit einem Paukenschlag,
sondern wie eine Erinnerung.

Wenn du spürst, dass Weisheit auch fühlen darf.
Wenn du erkennst, dass Liebe keine Belohnung ist.
Wenn du dich erinnerst,
dass Wahrheit nicht durch Lautstärke kommt,
sondern durch Stille.

Dann beginnt die Rückkehr.
Dann beginnt Heilung.

**Was dieses Kapitel dir sagen will:**
Der Weg des Lichts ist kein Marsch.
Er ist ein Tanz.

Und du tanzt ihn mit beiden Kräften:
dem Klaren – und dem Sanften,
dem Führenden – und dem Lauschenden.

Göttliches Gleichgewicht ist keine Theorie.
Es ist ein Zustand.
Und das Weibliche ist kein Zusatz.
Es ist die andere Hälfte des Himmels.

# Kapitel 20: Das verschwundene Licht der Mystik

*Warum das Heiligste oft im Verborgenen bleibt*

*Stell dir vor …*
Glaube war einst ein innerer Weg.
Ein stilles Aufleuchten.
Ein Erwachen aus der Tiefe der Seele.
Keine Pflicht – sondern ein Erkennen.
Keine Dogmen – sondern Durchbrüche.

Das war Mystik.
Nicht Theorie über Gott,
sondern Erfahrung *in* Gott.

**Mystik ist der Moment,**
in dem du die Welt um dich herum verlierst,
 weil du sie zum ersten Mal wirklich siehst.
Nicht mit den Augen,
sondern mit dem Herzen.

Sie ist kein System.
Kein Regelwerk.
Sondern Feuer.

Ein brennender Dornbusch –
nicht draußen auf dem Feld,
sondern mitten in deiner Brust.

Mystiker sind keine Rebellen.
Sie sind Liebende.
Liebende der Wahrheit,
auch wenn sie durch Schmerz führt.
Liebende des Göttlichen,
auch wenn kein Name mehr ausreicht.

Egal, ob es sich um **Meister Eckhart, Teresa von Avila, Jakob Böhme** oder die gnostischen Seher handelt,
ihre Worte brennen.
Nicht für die Masse.
Für den Einzelnen.

Für dich.

Doch die Mystik hat einen Nachteil.
Sie lässt sich nicht kontrollieren.

Ein Mystiker hört nicht nur,
was erlaubt ist.
Er hört – was *ist*.

Er spricht nicht in Formeln.
Er spricht in Bildern.
Und Bilder können befreien.

Darum wurde Mystik
lange Zeit zur Gefahr erklärt.
Zu vage, zu wild, zu unabhängig.

In den apokryphen Schriften
glimmt sie weiter:
die direkte Verbindung.
Die Erkenntnis durch Vision.
Die Heiligkeit des Inneren.

Maria Magdalena,
die sagt: *„Es gibt keinen Mittler."*

Jesus im Thomasevangelium,
der spricht: *„Das Reich ist in euch."*

Henoch,
der durch Himmel geführt wird,
nicht durch Dogmen.

**Was Mystik dir heute sagen würde:**

Warte nicht auf äußere Bestätigung.
Höre auf das, was in dir ruft.
Nicht jeder Ruf ist bequem.
Aber jeder ist echt.

Glaube ist nicht nur Wissen.
Er ist Verwandlung.

Nicht aus Pflicht.
Aus Berührung.

**Wenn du sie suchst,**
die Wahrheit, die dich heilt,

dann finde den Ort,
an dem keine Worte mehr genügen.

Nur Stille.
Nur Licht.
Nur du.

Dort beginnt sie.
Die Mystik.
Sie ist der Anfang von allem,
von dem, was du wirklich bist.

# Kapitel 21: Der neue Mensch

### *Erinnerung an das, was du bist*

*Stell dir vor ...*
du bist kein Suchender.
Du bist ein Erinnernder.
Was du suchst, ist nicht verloren –
es schläft nur in dir.

Der neue Mensch ist kein Mensch der Zukunft.
Er ist der Mensch, der sich erinnert.
An seine Herkunft.
An sein Licht.
An seinen Auftrag.

Nicht höher. Nicht besser.
Nur wacher.
Nur aufgewacht aus dem langen Schlaf der Trennung.

Der neue Mensch trägt keine neuen Kleider.
Er trägt ein neues Bewusstsein.

Er braucht keine Religion,
um zu lieben.
Keinen Titel,
um zu verstehen.
Keinen Tempel,
um zu beten.

Denn er weiß:
Das Göttliche wohnt nicht irgendwo.
Es wohnt in allem.
Vor allem in ihm selbst.

**Der neue Mensch vergleicht nicht.**

Er erkennt.
Er kämpft nicht gegen das Dunkle –
er durchlichtet es.
Er urteilt nicht –
er wandelt.

Er lebt nicht aus Mangel,
sondern aus Erinnerung:

*"Ich bin. Ich war. Ich werde sein."*

Der neue Mensch ist in jedem alten verborgen.
Wie eine Blume, die bereits im Samen lebt.
Wie ein Lied, das nur noch gesungen werden will.

Was braucht es?
Nicht mehr Wissen.
Sondern mehr Stille.

Mehr Mut,
mehr Herz,
mehr Einfachheit.

Denn der neue Mensch
hört mit dem Herzen.
Spricht mit dem Licht.
Und handelt aus dem Geist.

**Was dir dieses Buch sagen möchte:**
Du musst nicht jemand anderes werden.
Du darfst *dich* werden.
Nicht perfekt.
Nicht erleuchtet.
Nur *ganz*.

Erinnere dich an das,
was du längst weißt:
Du bist nicht auf dem Weg.
Du *bist* der Weg.

Der neue Mensch ist nicht der Held der Welt.
Er ist der Diener des Lichts.
Wer so lebt,
wird selbst zum Licht –
für andere.

Wenn du bereit bist,
dann geh weiter.
Nicht weg von dir,
sondern zu dir hin.

Der neue Mensch wartet nicht auf eine bessere Welt.
Er beginnt, sie zu leben.
Jetzt.
Hier.
In dir.

## Kapitel 22: Rückkehr der verborgenen Schriften

### Warum sie gerade jetzt auftauchen

*Stell dir vor ...*
Texte, Jahrtausende alt.
Vergraben. Vergessen. Verbannt.
Und plötzlich tauchen sie wieder auf.
In Wüsten. In Höhlen. In alten Kodizes.
Nicht zufällig. Sondern im perfekten Moment.

Denn nichts kommt zu früh.
Und nichts kehrt zurück, ohne einen Ruf.

**Warum jetzt? Warum diese alten Schriften?**
Weil die Welt am Wendepunkt steht.
Wir stehen an der Schwelle
zwischen einer Vergangenheit der Kontrolle
und einer Zukunft der Erinnerung.

Die apokryphen Schriften –
Henoch, Thomas, Maria, Hermas, Baruch, Salomo –
sind wie verschollene Organe eines geistigen Körpers.
Erst wenn sie zurückkehren,
kann der Leib der Wahrheit wieder atmen.

Diese Schriften tauchen nicht auf, um zu belehren.
Sie tauchen auf, weil du bereit bist, sie zu verstehen.

Sie sind keine Informationen.
Sie sind Initiation.

Sie bieten keine Antworten.
Sie stellen innere Fragen.
Fragen, die keine Religion beantworten kann.
Fragen, die dich zu dir selbst führen.

## Die Zensur war nie das Ende

Was unterdrückt wurde,
hat in der Tiefe weitergelebt.
Im Unbewussten. In Träumen. In Sehnsüchten.
In den stillen Momenten,
in denen Menschen fühlten:

> *„Da fehlt etwas.*
> *Das kann nicht alles gewesen sein."*

Jetzt kehren sie zurück –
nicht, um vergangene Systeme zu bestätigen,
sondern um lebendige Erinnerung freizusetzen.

**Warum** *jetzt*?
Weil das Zeitalter des blinden Gehorsams endet.
Weil Menschen anfangen, selbst zu fragen.
Weil der innere Ruf lauter wird als die Stimme äußerer Autoritäten.

Die Rückkehr dieser Schriften ist kein literarisches Ereignis.
Es ist ein seelisches.

Sie fordern uns nicht auf, an sie zu glauben.
Sondern uns zu erinnern,
was wir schon immer wussten –
aber vergessen mussten,
um in dieser Welt zu funktionieren.

Das Evangelium des Thomas,
die Weisheit Salomos,
die Visionen Henochs,
die Stimme Marias –
sie alle bilden eine Brücke.
Von der Welt der Form
zur Welt des Geistes.

**Sie kehren zurück, weil du dich erinnerst.**

Nicht andersherum.

Wenn du sie liest,
dann lies sie nicht nur mit dem Verstand.
Stelle dir dabei die Frage:
*„Warum jetzt?"*
Vielleicht wirst du dann spüren:
Sie kamen nicht zu dir.
Du hast sie gerufen.

## Kapitel 23: Gnosis – Die innere Erkenntnis jenseits der Religionen

*Was dich frei macht, ist keine Lehre, sondern das Erinnern*

*Stell dir vor …*
es gäbe eine Wahrheit,

die nicht gelernt werden muss,
weil du sie bereits in dir trägst.
Eine Wahrheit, die nicht von außen kommt,
sondern von innen erwacht.
Das ist Gnosis.

Nicht Wissen im herkömmlichen Sinn.
Nicht Information. Nicht Theorie.
Sondern ein Erkennen,
das durch das eigene Wesen geschieht.

**Was ist Gnosis?**

Das Wort *„Gnosis"* stammt aus dem Griechischen.
Es bedeutet *„Erkenntnis"*.
Aber nicht intellektuelle Einsicht,
vielmehr bezeichnet es das unmittelbare Erfahren der
Wahrheit.
Eine Wahrheit, die dich verändert,
weil sie dich an dein wahres Selbst erinnert.

Nicht das, was man dir über dich gesagt hat.
Nicht das Bild, das du gelernt hast, zu zeigen.
Sondern das, was bleibt,
wenn alle Rollen abfallen.

Gnosis ist kein Glaube.
Sie ist ein inneres Erkennen.
Es ist ein Licht, das du nicht erlernst,
sondern wiederentdeckst.

**Gnosis ist radikal.**

Sie braucht keine Institution.
Kein Priester, keine Hierarchie, kein Dogma.
Nur dich – in der Tiefe deines Herzens.
Darum wurde sie unterdrückt.
Weil sie frei macht.
Weil sie unkontrollierbar ist.
Weil sie in dir selbst beginnt.

Die gnostischen Evangelien –
Thomas, Maria, Philippus –
zeigen ein anderes Bild von Christus:
nicht als Erlöser von außen,
sondern als Spiegel der inneren Quelle.

Nicht *„Folge mir"*, sondern:
*„Werde, was du bist."*

*„Erkenne dich selbst –*
*und du wirst erkennen,*
*dass du ein Kind des Lichts bist."*

**Gnosis ist der Ruf zurück – in dein eigenes Inneres.**

Die Religion sagt oft:
*„Geh zu Gott – durch uns."*
Gnosis hingegen flüstert:
*„Du warst nie getrennt."*

**Was macht Gnosis in dir?**

Sie stellt Fragen, wo andere Antworten geben.
Sie führt dich nicht in einen Tempel,
sondern in die Stille deiner Seele.
Sie ruft dich, nicht zu glauben,
sondern zu vertrauen.
Nicht in äußere Macht,
sondern in deine Verbindung mit allem, was ist.

**Gnosis ist gefährlich – für all jene, die Macht über dich erlangen wollen.**

Denn sie macht dich mündig.
Sie macht dich frei.
Sie macht dich wach.

Gnosis ist keine Philosophie.
Sie ist eine Erfahrung.
Eine Öffnung.
Ein Aufwachen.

Wenn du Gnosis wirklich berührst,
beginnt eine stille Revolution in dir.
Du hörst anders.
Du siehst anders.
Du liebst tiefer.

Nicht weil du *„sollst"* –
sondern weil du erkannt hast:
Alles, was du suchst,
war nie verloren.
Es war nur verschüttet.

Und jetzt …
kommt es zurück –
durch dich.

## Kapitel 24: Der innere Christus – Warum der Weg nach innen führt

*Du bist nicht aufgerufen zu glauben. Du bist eingeladen zu erkennen.*

*Stell dir vor …*
Christus wäre nicht nur eine Gestalt in der Geschichte,
nicht nur ein Ereignis in der Vergangenheit,
sondern eine lebendige Präsenz –
in dir.

Nicht getrennt.
Nicht weit entfernt.
Sondern in deiner Stille,
in deinem Mitgefühl,
in deinem wahren Selbst.

### Was ist der „innere Christus"?

Er ist nicht der dogmatische Erlöser eines Systems.
Nicht der Richter über dein Leben.
Er ist der göttliche Funke in dir.
Die Stimme, die dich erinnert.
Der Blick, der dich erkennt.
Das Licht, das dich zu dir selbst zurückführt.

> *„Das Reich Gottes ist inwendig in euch."*
> *(Lukas 17,21)*

Jesus sprach nie davon, angebetet zu werden.
Er sprach davon, dass du wirst,
was du im Ursprung schon immer warst.

**Der Christusweg ist ein innerer Weg.**
Er beginnt nicht im Tempel.
Er beginnt nicht am Altar.
Er beginnt, wenn du aufhörst, dich zu verstecken.
Wenn du beginnst, still zu werden.
Wenn du dich traust, nach innen zu lauschen.

Nicht, um dort Perfektion zu finden,
sondern Echtheit.
Nicht, um zu urteilen,
sondern um zu vergeben.

**Warum blieb dieser Weg so lange verborgen?**
Weil ein Mensch, der den inneren Christus erkennt,
nicht mehr lenkbar ist durch Angst.
Nicht mehr manipulierbar durch Schuld.
Nicht mehr abhängig von äußeren Autoritäten.

Ein solcher Mensch liebt aus Freiheit.
Er dient aus Mitgefühl.
Er lebt aus der Wahrheit.

Und die Wahrheit – die wirkliche, lebendige Wahrheit
lässt sich nicht in Formeln pressen.

Sie atmet.
Sie wandelt.
Sie heilt.

Der Christus in dir ruft dich nicht zur Religion,
sondern zur Erinnerung.
Nicht zur Anbetung, sondern zur Verkörperung.

**Was bedeutet das für dich?**

- Du musst nichts verdienen.
- Du musst dich nicht *„verbessern"*.
- Du musst dich nur erinnern.

Dass du Licht bist.
Dass du verbunden bist.
Dass du würdig bist – genau jetzt, genau so.

Der innere Christus ist der Teil in dir,
der sich nie vom Ursprung getrennt hat.

Der dich ruft – leise, aber klar.
**„Ich bin das Licht der Welt."**
sagte Jesus.

Und du, wenn du bereit bist es zu erkennen –
wirst du vielleicht hören:

*„Auch du bist Licht."*

**Der innere Christus ist kein Konzept.**

Er ist ein Bewusstseinsraum.
Ein Ort jenseits von Schuld und Trennung.
Ein Herz, das sieht, was wirklich ist.

Wenn du ihm begegnen willst,
dann gehe nicht nach außen.
Gehe nicht in die Vergangenheit.
Sondern schließe die Augen,
atme tief ein –
und frage dich:

> *„Was würde die Liebe jetzt tun?"*

Denn vielleicht war der Christus
nie nur eine Gestalt.
Sondern eine Erinnerung.
Eine Frequenz.
Und sie lebt –
in dir.

## Kapitel 25: Die Wiederkehr der verborgenen Botschaft – Warum diese Texte heute zurückkehren

*Verloren war nicht das Licht. Verloren war nur das Erinnern.*

*Stell dir vor …*
es gäbe Worte, die einst das Herz berührten,

die dann aber verbannt wurden.
Nicht, weil sie falsch waren.
Sondern, weil sie zu wahr waren.

Texte, die nicht gefielen,
weil sie nicht kontrollierbar waren.
Weil sie Freiheit statt Gehorsam predigten.
Erkenntnis statt Angst.
Innere Autorität statt äußerer Abhängigkeit.

Und jetzt …
kommen sie zurück.
In einer Zeit, die reif ist.
In einer Menschheit, die beginnt,
nicht nur zu glauben – sondern zu fragen.
Nicht nur zu folgen – sondern sich zu erinnern.

**Warum jetzt?**
Weil das Zeitalter der blinden Unterwerfung endet.
Weil Dogmen bröckeln.
Weil Rituale allein nicht mehr genügen.
Weil Menschen spüren:

*„Da ist mehr."*

Mehr als die Geschichten,
die man uns erzählte.
Mehr als die Ängste,
mit denen man uns lenkte.
Mehr als das Bild eines Gottes,
der belohnt oder straft –
anstatt zu heilen und zu befreien.

**Die verborgenen Schriften kehren nicht zurück, um zu belehren.**

- Sie kehren zurück,
- um dich zu erinnern.
- Sie erheben keinen Anspruch.
- Sie flüstern.
- Sie drängen nicht.
- Sie leuchten.

Denn Wahrheit muss nicht schreien.
Wahrheit ist wie Licht:
Wenn du bereit bist, öffnest du die Augen.
Wenn du nicht bereit bist, bleibt sie dennoch da.

> *„Die Zeit ist erfüllt."*

flüstert vielleicht nicht nur Jesus.
Vielleicht flüstert es auch Henoch.
Maria.
Thomas.
Salomo.
Und all die anderen Stimmen,
die zu lange verstummt waren.

**Warum ausgerechnet diese Stimmen?**

Weil sie jenseits der Machtstrukturen stehen.
Weil sie nicht trennen – sondern verbinden.
Weil sie nicht Angst schüren – sondern Vertrauen.
Weil sie sagen:

> *„Du brauchst keinen Mittler.*
> *Du trägst das Licht bereits in dir."*

Und diese Botschaft war für Institutionen,
die Kontrolle wollten, zu radikal.
Für Systeme, die Ordnung durch Angst definierten.

Aber heute…
beginnt die Angst zu weichen.
Und die Erinnerung kehrt zurück.

**Es ist kein Zufall, dass du dieses Buch in Händen hältst.**
Vielleicht hast du schon lange danach gesucht.
Vielleicht hast du geahnt, dass es da etwas gibt.
Etwas, das nie ganz verloren war.
Etwas, das jetzt wieder in dir zu klingen beginnt.

Es ist keine neue Wahrheit.
Es ist eine uralte Wahrheit –
und du bist bereit, ihr zu begegnen.

Die Rückkehr dieser Schriften ist weit mehr als nur ein literarisches Ereignis.
Sie ist ein geistiges Erwachen.
Ein Aufatmen der Seele.
Ein Ruf:

> *„Erinnere dich!"*

Nicht an Theorien.
Nicht an dogmatische Lehren.
Sondern an dich selbst.

> **Denn vielleicht ist der größte Schatz
> nicht das, was du liest,
> sondern das,
> was du dabei in dir entdeckst.**

# Kapitel 26: Der neue Bund – Nicht geschrieben auf Steintafeln, sondern ins Herz

*„Ich werde mein Gesetz in ihr Inneres legen und werde es auf ihr Herz schreiben." – Jeremia 31,33*

*Stell dir vor ...*
Gott spricht – nicht durch Donner oder Gesetz,
nicht durch Gebote, die von außen kommen,
sondern durch ein inneres Flüstern.
Nicht auf Stein gemeißelt,
sondern in dein Herz geschrieben.

Der neue Bund beginnt nicht mit einem neuen Tempel,
nicht mit neuen Regeln,
nicht mit einem neuen Opfer.
Er beginnt in dir.

**Was ist ein Bund?**

Ein Bund ist keine Vereinbarung wie ein Vertrag.
Ein Bund ist eine Beziehung.

Eine Verbindung.
Ein heiliger Schwur des Lebens selbst:
*„Ich bin bei dir."*
Nicht, wenn du gut bist.
Nicht, wenn du fehlerfrei bist.
Sondern einfach, weil du bist.

Der neue Bund ist kein Handel.
Er ist ein Geschenk.
Und er fragt dich nicht zuerst:
*„Was hast du getan?"*
Sondern:
*„Was trägst du in dir?"*

> **Früher: Das Gesetz – außen.**
> **Jetzt: Die Wahrheit – innen.**

Früher war das Heilige *„dort"*.
Im Tempel. Im Buch. Im Ritual.
Heute ist das Heilige *„hier"*.
Im Herzen. Im Atem. In deiner Erinnerung.

Der neue Bund fragt dich nicht nach Gehorsam,
sondern nach Authentizität.

> **Nicht nach Strafe – sondern nach Erwachen.**
> **Nicht nach Angst – sondern nach Vertrauen.**

*„Und ihr werdet alle von Gott gelehrt sein."*
*– Johannes 6,45*

Nicht durch Priester.
Nicht durch Vermittler.
Sondern direkt.
Denn in dir wohnt die Stimme.
Die leise. Die klare. Die unbestechliche.

**Was bedeutet das konkret?**
Du brauchst keinen Zwischenhändler mehr.
Keine Erlaubnis, kein Urteil, kein Dogma.

Wenn du lauschst,
wird die Weisheit in dir lebendig.
Sie erinnert dich an das,
was du nie verloren hast.

Du wirst geführt – nicht von außen,
sondern von dem Licht in dir,
das schon immer da war.

**Der neue Bund ist kein System.**

**Er ist ein Zustand.**

Ein Zustand der Verbundenheit.
Mit dir. Mit dem Leben. Mit dem Göttlichen.
Und dieser Bund kennt kein *„Du sollst"*.
Er sagt:

> *„Du darfst.*
> *Du darfst lieben.*
> *Du darfst erkennen.*
> *Du darfst dich erinnern."*

**Warum ist das wichtig?**

Weil wir verlernt haben, zu vertrauen.
Wir suchen Orientierung
und vergessen dabei, dass der wahre Kompass
nicht im Himmel und nicht in der Kirche,
sondern in unserem Inneren schlägt.

Der neue Bund ist keine Flucht vor der Welt.
Er ist die Rückkehr ins Wesentliche.
Nicht religiös – sondern echt.
Nicht moralisch – sondern wahrhaftig.

> **Der alte Bund wurde gebrochen.**
> **Nicht, weil Gott ihn verließ –**
> **sondern weil die Menschen ihn missbrauchten.**

Für Macht. Für Kontrolle. Für Angst.

Doch der neue Bund lässt sich nicht missbrauchen.
Denn er ist nicht kontrollierbar.
Er gehört niemandem – und allen zugleich.

> *„Ich werde in ihrer Mitte wohnen.*
> *Und sie werden mein Volk sein,*
> *und ich werde ihr Gott sein."*

– aus der Tiefe alter Propheten

Wenn du das fühlst,
dieses Ziehen, dieses Wissen, dieses Licht,

dann bist du bereits Teil dieses Bundes.
Dann bist du eingeladen.

Nicht, um etwas zu leisten.
Sondern, um zu leuchten.

**Der neue Bund wird nicht diktiert.**
**Er wird in dir entdeckt.**

Wenn du ihn spürst,
dann brauchst du keine Beweise.
Dann weißt du:

„Ich bin verbunden."
Nicht mehr getrennt.
Und das genügt.

## Kapitel 27: Wer oder was ist Gott – Jenseits des Bildes vom alten Mann mit Bart

*„Gott ist Geist, und die ihn anbeten, müssen ihn im Geist und in der Wahrheit anbeten." – Johannes 4,24*

*Stell dir vor …*
Gott ist kein alter Mann.
Kein Richter auf einem Thron.
Kein Wesen mit Launen, mit Zorn oder Gnade auf Knopfdruck.

*Stell dir vor …*
Gott ist kein „*Er*".
Und kein „*Sie*".
Gott hat kein Geschlecht. Kein Körper. Keine Figur.

*Stell dir vor …*

> Gott ist keine Idee.
> Gott ist Wirklichkeit.
> Gott ist Gegenwart.

**Jahrhundertelang geformt durch Bilder, Ängste, Macht.**

Die Religionen malten ein Bild von Gott –
menschlich, königlich, patriarchal.
Ein Gott, der befiehlt, straft und prüft.
Ein Gott, der oft mehr mit den Herrschenden
als mit den Leidenden sprach.

Doch je größer das Bild,
desto enger wurde das Herz.
Ein Gott, der *„draußen"* war –
schuf eine Menschheit, die sich *„drinnen"* verlor.

> **Aber was, wenn Gott…**
> **… niemals außerhalb war?**
> **… nie getrennt war?**
> **Was, wenn Gott näher ist als dein Atem?**

Was, wenn Gott nicht über dir steht,
sondern in dir wohnt?

Was, wenn du nicht nach oben blicken musst,
sondern nach innen?

> *„In ihm leben wir und weben wir und sind*
> *wir." – Apostelgeschichte 17,28*

**Gott ist kein Name.**
**Gott ist kein Ort.**
**Gott ist die Quelle.**
**Das Ursein.**
**Das unaussprechliche Jetzt.**

Ein Strom, der alles durchzieht.
Eine Intelligenz, die in allem atmet.
Eine Liebe, die nicht urteilt,
sondern trägt.

Gott ist der Funke im Gras.
Das Licht in deinen Zellen.
Der Ruf in deinem Innersten,
der dich an etwas erinnert,
das du nie gelernt, aber immer gewusst hast.

**Warum dann so viele Bilder, Namen und Gesetze?**

Weil der Mensch das Ungreifbare
greifbar machen will.

Weil Institutionen Kontrolle brauchen.
Und Worte, die ein Geheimnis fassen wollen,
machen es oft kleiner, nicht größer.

Doch kein Name kann das benennen,
was vor jedem Namen war.

Keine Lehre kann das lehren,
was du nur erfahren kannst.

**Gott ist keine Person.**
**Aber auch kein abstraktes Prinzip.**

Gott ist Berührung.
Begegnung.
Tiefe.
Weite.
Stillwerden.
Erkennen.

Nicht das Bild ist heilig,
sondern das, was durch das Bild hindurchscheint.

**Gott ist nicht „da draußen".**
**Gott ist die Tiefe deines Seins.**

Nicht der Richter, sondern der Ruf.
Nicht der Gesetzgeber, sondern das Leben selbst.
Nicht der Feind deiner Fehler,
sondern der Raum, in dem du heil wirst.

**Was würde Gott dir heute vielleicht sagen?**

*„Ich bin nicht dort, wo man mich mit Angst sucht.*
*Ich bin dort, wo du in Liebe lauschst."*

*„Ich bin nicht der, der dich kontrollieren will.*
*Ich bin das, was dich frei macht."*

*„Du musst mich nicht finden.*
*Du musst dich nur erinnern."*

**Lies diese Worte nicht wie eine Definition.**
**Lies sie wie ein Echo.**
**Denn Gott ist nicht erklärbar –**
**aber erfahrbar.**

Wer Gott wirklich begegnet,
legt seine Waffen nieder.
Auch die geistigen.

> *„Gott ist Licht – und in ihm ist keine*
> *Dunkelheit."* – *1. Johannes 1,5*

Wenn du jetzt ganz still wirst, …
und auf nichts wartest, …
und nur atmest, …
kann es sein, dass du es spürst:

Du warst nie getrennt.
Du warst immer gehalten.

## Kapitel 28: Wer war Jesus wirklich? – Mensch, Mystiker, Meister

*Stell dir vor ...*
Jesus war nicht der, den man dir zeigte.
Nicht der ferne Gottsohn auf einem Altar.
Nicht der passive Leidende am Kreuz.
Nicht das Symbol für Schuld,
sondern ein lebendiger Mensch voller Feuer, Weisheit und
innerem Licht.

## Jesus – der Mensch

Geboren in einem einfachen Dorf,
in einer unruhigen Zeit,
unter römischer Besatzung,
ohne Reichtum, ohne Titel, ohne Schutz.

Er war Sohn, Bruder und Schüler.
Er war einer von vielen –
und zugleich ganz einzigartig.

Nicht durch äußere Macht,
sondern durch innere Klarheit.
Nicht, weil er über den Menschen stand,
sondern weil er mitten unter ihnen ging –
und sie sah.

## Jesus – der Mystiker

Er sprach von einem Reich,
das nicht kommen wird, sondern bereits da ist.
Nicht sichtbar, aber erfahrbar.
Nicht außen, sondern innen:

> *„Das Königreich Gottes ist in euch."*
> *(Lukas 17,21)*

Er zog sich in die Einsamkeit zurück.
Er fastete, betete und hörte.
Er lehrte nicht aus Büchern,
sondern aus Erfahrung.

Er sah Gott nicht im Tempel,
sondern im Herzen.
Nicht im Opfer – sondern im Mitgefühl.
Nicht im Gehorsam – sondern in der Wahrheit.

## Jesus – der Meister

Er heilte nicht, um zu beeindrucken,
sondern um zu erinnern.
Er stellte Fragen, statt Antworten zu geben.
Er sprach in Bildern, nicht um zu verbergen,
sondern um tiefer zu öffnen.

> **„Wer Ohren hat zu hören, der höre."**

Er war kein Prediger der Angst.
Er war kein Gründer einer Religion.
Er war ein Lehrer des Erwachens –
ein Ruf zum eigenen Licht.

**Und doch wurde er missverstanden.**

Man machte ihn zum Götzen,
anstatt ihm zu folgen.
Man betete ihn an,
statt seinen Weg zu gehen.
Man baute Mauern aus Dogma,
wo er Türen öffnen wollte.

*„Nicht jeder, der zu mir sagt: Herr, Herr, wird in das Reich der Himmel eingehen, sondern wer den Willen meines Vaters tut..."*
(Matthäus 7,21)

## Wer wäre Jesus heute?

Vielleicht jemand, der das Schweigen liebt.
Jemand, der in Gemeinschaft lebt, aber nicht predigt.
Der an der Seite der Verlorenen sitzt,
nicht auf einem Thron.

Er würde nicht gefallen wollen –
aber Herzen berühren.
Er würde keine Kirche gründen –
sondern Bewusstsein säen.

Er wäre unbequem für Systeme,
herausfordernd für Ideologien,
aber heilsam für jene, die wirklich suchen.

## Was würde Jesus dir heute sagen?

*„Ich bin nicht gekommen, um angebetet zu werden.*
*Ich bin gekommen, um dich zu erinnern."*

*„Du bist Licht.*
*Nicht weil ich es dir gebe,*
*sondern weil du es schon immer warst."*

*„Folge mir nicht –*
*finde dich selbst."*

---

**Lies die Worte Jesu nicht als Befehl.**
**Lies sie als Einladung.**
**Nicht zu Religion,**
**sondern zu Rückverbindung.**

---

Denn Jesus war kein Besitzer der Wahrheit.
Er war ein Spiegel.
Wenn du tief genug blickst,
erkennst du nicht nur ihn,
sondern auch dich selbst.

*„Ich bin der Weg, die Wahrheit und das Leben."*

Nicht als Grenze,
sondern als Bewegung.
Als Erinnerung.
Als Rückkehr ins göttliche Jetzt.

# Kapitel 29: Wer war Maria Magdalena wirklich?

## Jenseits von Mythos und Verdrehung

*Stell dir vor ...*
die Geschichte, die du kennst, war nur die halbe Wahrheit.
Und die andere Hälfte – die hellere, stärkere, freiere – wurde unterdrückt.
Nicht aus Unwissenheit, sondern mit Absicht.
Nicht, weil sie falsch war,
sondern weil sie zu kraftvoll war,
um sie in ein starres System zu zwängen.

## Maria Magdalena – nicht die Sünderin, sondern die Sehende

Die Kirche machte aus ihr eine Prostituierte.
Eine Frau, die gerettet werden musste.
Eine Nebenfigur – emotional, reumütig und abhängig vom Erlöser.

Aber die alten Texte – die apokryphen Evangelien – erzählen etwas anderes.

Sie nennen sie:
die Vertraute,
die Wissende,
die Begleiterin des Herrn.

Sie war die Erste, die ihn sah –
nach der Auferstehung.
Und das ist kein Zufall.

Sie war nicht nur Zeugin –
sie war Trägerin einer inneren Lehre.
Diese Lehre lag jenseits von Dogma.

**Maria – das weibliche Christusprinzip**

In den Worten des Maria-Evangeliums spricht sie von der Seele,
die durch sieben Mächte hindurchgeht:
Dunkelheit, Begierde, Ignoranz, Zorn –
und sie durchschaut sie alle.

Nicht durch Macht,
sondern durch Erkenntnis.
Nicht durch Strafe,
sondern durch Liebe.

*„Wo der Geist wohnt, da gibt es kein Gesetz."*

Maria steht für das,
was nicht kontrolliert werden kann:
die direkte Verbindung zur göttlichen Quelle.
Ohne Mittler. Ohne Institution. Ohne Angst.

**Warum wurde sie verdrängt?**

Weil sie Freiheit verkörperte.
Weil sie zeigte, dass Erkenntnis nicht männlich ist.
Weil sie das Machtgefüge der frühen Kirche infrage stellte.

Petrus ist in den Texten irritiert:

*„Hat der Herr wirklich mit einer Frau gesprochen –*
*und nicht offen zu uns Männern?"*

Doch Levi antwortet:

*„Wenn der Erlöser sie würdigte,*
*wer sind wir, dass wir sie ablehnen?"*

Diese Szene ist mehr als nur ein Streit.
Sie ist ein Echo der Geschichte.
Ein Konflikt zwischen Macht und Weisheit,
zwischen Struktur und Herz.

**Was würde Maria Magdalena heute sagen?**

*„Du brauchst keinen Vermittler.*
*Kein Dogma, keinen Priester, keinen Tempel.*
*Denn das Heilige lebt in dir."*

*„Fühle deine Angst – und gehe hindurch.*
*Fühle deine Wut – und erkenne, was darunter liegt.*
*Fühle dein Licht – und du wirst frei."*

*„Ich war keine Magd.*
*Ich war keine Sünderin.*
*Ich war ein Spiegel –*
*für das, was du in dir längst vergessen hast."*

Maria spricht nicht für eine Figur.

**Sie spricht für eine Haltung.**
Eine Haltung, die still ist – aber stark.
Die sich nicht verteidigt – aber auch nicht weicht.
Die liebt – ohne Bedingungen.
Die heilt – indem sie erinnert.

Wenn du Maria wirklich begegnen willst,
dann suche sie nicht in der Geschichte.
Such sie in deinem eigenen Inneren.
In dem Teil von dir,
der bereit ist,
den Schleier zu lüften –
und das Licht zu empfangen,
Das Licht, das immer da war.

> *„Ich bin nicht gekommen, um dir eine neue
> Lehre zu bringen. Ich bin gekommen, um
> dich zu erinnern: Du bist frei."*

# Kapitel 30: Wie konnte eine Botschaft der Freiheit zu einem System der Kontrolle werden?

*Stell dir vor …*
ein Mensch spricht vom Reich Gottes.
Nicht als Ort, sondern als Zustand.
Nicht als Zukunft, sondern als Gegenwart.
Er heilt durch Berührung.
Er ruft zur Freiheit.

Er bricht Brote – nicht Regeln.

Er sagt: *„Das Gesetz ist für den Menschen da – nicht der Mensch für das Gesetz."*

Und dann, Jahrhunderte später,
stehen Paläste, Throne und Kathedralen.
Es gibt Titel, Macht, Dogmen und Gehorsam.
Und du fragst dich:
Wie konnte es dazu kommen?

**Die ursprüngliche Botschaft lautete: „Innere Umkehr, nicht äußere Ordnung!"**

Die Worte Jesu waren radikal, weil sie nach innen führten.
Er sprach vom Herzen.
Vom Licht im Menschen.
Von der Stimme in dir, die wahrer ist als jede Autorität.

> *„Ihr seid das Licht der Welt."*
> *„Das Reich Gottes ist in euch."*

Es ging um ein Erwachen.
Nicht um ein Gehorchen.

Doch diese Freiheit war gefährlich.

**Die Verwandlung: vom inneren Weg zum äußeren Machtapparat**

Nach dem Tod Jesu entstand eine Bewegung.
Wie jede Bewegung wurde auch diese bald zur Organisation.
Mit Strukturen. Regeln. Ämtern.

Zuerst, um zu schützen.
Dann, um zu bewahren.
Schließlich, um zu kontrollieren.

Was einst lebendig war, wurde formell.
Was einst wandelte, wurde zementiert.
Was einst Freiheit war, wurde zur Pflicht.

Aus der offenen Frage wurde ein festes Dogma.
Aus der Einladung wurde ein Urteil.

## Die konstantinische Wende: Die Wahrheit auf dem Altar der Macht

Beim Konzil von Nicäa im Jahr 325 n. Chr. wurde aus Spiritualität Politik.
Kaiser Konstantin, kein Theologe, sondern Machtstratege, wollte Einheit.
Und Einheit braucht Kontrolle.

Also entschied man:
Was darf geglaubt werden?
Was ist *„wahr"* – und was *„Ketzerei"*?
Was gehört in die Bibel – und was wird verbannt?

Die apokryphen Schriften fielen –
nicht wegen Irrtum,
sondern wegen ihrer Unabhängigkeit.

Die Kirche wurde zur Institution.
Und mit ihr kamen:
das Priesteramt. Die Exkommunikation. Die Angst vor der Hölle.

## Von Freiheit zur Fessel – und zurück?

Der Weg der Religion war nicht nur dunkel.
Es gab Heilige, Mystiker und Aufrichtige.
Aber oft wurden sie bekämpft.
Verfolgt. Verbrannt. Vergessen.

Denn sie erinnerten an das,
was das System am meisten fürchtete:
den direkten Zugang zum Göttlichen –
ohne Zwischenhändler.

## Was sagt uns das heute?

Die ursprüngliche Botschaft lebt.
Nicht in Mauern. Nicht in Titeln.
Sie lebt dort, wo jemand still wird und fragt:

> *„Wer bin ich – jenseits aller Lehren?"*
> *„Wo ist Gott – wenn nicht in mir?"*
> *„Was bedeutet Erlösung – wenn nicht Erinnerung an das Licht, das ich bin?"*

Jesus sagte: **„Die Wahrheit wird euch frei machen!"**

Aber Freiheit bedeutet auch Verantwortung.
Und nicht jeder will sie tragen.

Deshalb wurde die Wahrheit gezähmt.

**Doch du bist hier und liest.**
**Weil etwas in dir ruft.**

**Etwas, das sich nicht länger mit Dogmen zufriedengibt.
Etwas, das die lebendige Quelle sucht.**

Vielleicht ist jetzt die Zeit,
diesen inneren Weg wieder zu betreten.

Vielleicht ist das wahre Christentum
nicht verloren – sondern nur verschüttet.
Nicht zerstört – sondern verborgen.
In dir.

## Kapitel 31: Die Rückkehr des Weiblichen – Warum es mehr als nur ein Ausgleich ist

*Stell dir vor ...*
die Schöpfung wäre ein Tanz.
Ein Tanz zwischen zwei Kräften,
nicht gegensätzlich, sondern ergänzend.
Nicht Feinde, sondern Spiegel.
Das Männliche und das Weibliche.
Logos und Sophia.
Struktur und Intuition.
Form und Fluss.

Und dann –
für lange Zeit –
tanzte nur eine Seite.

### Der Verlust des Weiblichen – und was dabei verloren ging

Als die Religion zur Institution wurde,
wurde die Weiblichkeit aus dem Zentrum gedrängt.

Es ging nicht nur um Frauen als Personen,
sondern das weibliche Prinzip an sich.

Die Weisheit, die sich offenbart und nicht diktiert.
Die Liebe, die heilt und nicht herrscht.
Das Hören – statt des Sprechens.
Das Fließen – statt des Befehls.

Maria Magdalena, Sophia, Eva, Miriam –
sie alle wurden entmachtet, belehrt und verdrängt.
Die weibliche Seite Gottes wurde ausgelöscht
oder in Jungfrauenmythen verschoben.

Aber mit ihr verschwanden:
Sanftmut. Tiefe. Heilung.
Und der Blick nach innen.

**Weiblichkeit ist nicht "Frau sein" – sondern ein Prinzip**

Wenn wir vom Weiblichen sprechen,
dann reden wir nicht von Geschlechtern,
sondern von Seelenkräften.

Das Weibliche ist:
die Intuition, die weiß, ohne zu erklären.
Die Hingabe, die stark ist, ohne zu kämpfen.
Die Weisheit, die nicht auf der Kanzel spricht,
sondern im Flüsterton der Seele.

In jedem Menschen lebt beides.
Doch die Welt hat das Weibliche lange bekämpft
und damit auch das eigene Gleichgewicht verloren.

**Warum jetzt? Warum kehrt das Weibliche zurück?**

Weil die Welt müde ist vom Lärm.

Weil Kontrolle nicht heilt.

Weil Systeme brechen –
aber die Herzen bereit sind, zuzuhören.

Die Rückkehr des Weiblichen ist kein feministisches Programm.

Es ist ein spirituelles Erwachen.

Ein Erinnern daran,
dass Wahrheit ohne Mitgefühl blind ist.

Dass Erkenntnis ohne Liebe trocken ist.

Dass Heilung nicht in Stärke liegt,
sondern in Ganzheit.

**Was würde das Weibliche heute sagen?**

„Du musst nicht kämpfen, um ganz zu sein.
Du musst nicht siegen, um zu strahlen.
Du musst nicht beweisen, dass du würdig
bist.
Du bist es.

Du darfst empfangen.
Du darfst lauschen.
Du darfst weich sein – ohne schwach zu sein.
Du darfst dich erinnern:
Dass du mehr bist als eine Rolle.
Mehr als Pflicht.
Mehr als Erwartung."

**Wenn das Weibliche in uns wieder aufersteht,
erinnert sich die Welt an ihren Ursprung.**

Dann beginnt ein neues Kapitel:
Nicht Kampf der Geschlechter,
sondern die Vereinigung der Kräfte.
Nicht die Rückkehr zur Vergangenheit,
sondern Heimkehr zur Ganzheit.

**Und du?**
Du darfst Teil davon sein.

## Kapitel 32: Die Stimme in dir – Warum du keine Mittler brauchst

*Stell dir vor ...*
du betrittst einen alten Tempel.
Kerzenlicht. Weihrauch. Stille.
Und jemand sagt zu dir:

*„Sprich nicht direkt mit Gott. Du bist nicht würdig. Lass mich das für dich tun."*

Und tief in dir spürst du einen Widerstand.
Nicht aus Rebellion.
Sondern weil du weißt:
Etwas daran stimmt nicht.

### Von Priestern, Vermittlern und verlorener Eigenmacht

Seit Jahrtausenden haben Religionen Strukturen geschaffen:
Ein heiliges Wissen, das nur Auserwählten zugänglich ist.
Ein Gott, den man nur über Priester, Riten und Tempel erreichen kann.

Ein Glaube, der mehr mit Gehorsam als mit Vertrauen zu tun hat.

Doch das war nicht immer so.

In den apokryphen Schriften
sprechen die Stimmen derer, die sagen:

> *„Du brauchst keinen Mittler.*
> *Denn das Reich Gottes ist in dir."*

Jesus sagt im Thomasevangelium:

*„Wenn du das hervorbringst, was in dir ist, wird es dich retten."*

Maria Magdalena sagt:
*„Erkenntnis befreit – nicht das Opfer."*

Henoch sieht den Himmel nicht von außen –
er wird hineingeführt.

Thomas hört die Wahrheit –
nicht von außen, sondern in sich.

**Die Wahrheit ist kein Monopol – sie ist Erinnerung**

Der wahre Lehrer weckt etwas in dir.
Er gibt dir nichts, was du nicht schon in dir trägst.
Er nimmt nichts, er erinnert nur.

Die große Täuschung der spirituellen Geschichte war:
Dass man dir sagte, du seist getrennt.
Unwürdig.
Unfähig.

Aber was, wenn du nie getrennt warst?
Was, wenn die Stimme Gottes nie verstummt ist –
sondern nur übertönt wurde?

**Du bist der Tempel**

In dir wohnt das Licht.
In dir schlägt das göttliche Herz.
In dir lebt die Stimme, die du so lange im Außen gesucht
hast.

Vielleicht hast du sie für einen Moment gespürt –
in der Natur.
In der Stille.
In einem Blick.
In einem Vers.

Vielleicht war es leise,
aber unvergesslich.

Und vielleicht ist es jetzt Zeit,
dieser Stimme wieder zu lauschen.
Nicht über andere.
Nicht durch Rituale.
Sondern direkt.

**Was würde dir die Wahrheit sagen?**

Ich war nie weg.
Du hast nur woanders gesucht.

Ich war nie verborgen.
Du hast nur gelernt, wegzusehen.

Ich bin kein Lohn –
ich bin Erinnerung.

**Die Stimme in dir ist kein Echo der Welt.**
**Sie ist der Klang deines Ursprungs.**

Und du bist eingeladen,
ihr wieder zu vertrauen.

Nicht blind – sondern innerlich.
Nicht naiv – sondern wach.
Nicht abhängig – sondern frei.

Denn die größte spirituelle Reife ist:
Wenn du erkennst –
du brauchst keinen Dolmetscher für dein Herz.

## Kapitel 33: Der innere Tempel – Wie Stille zu einer Offenbarung wird

*Stell dir vor ...*
du stehst nicht vor einem Altar,
nicht vor einem Propheten,
nicht vor einem Buch.
Sondern vor einer Tür.
Und diese Tür führt nicht hinaus,
sondern hinein.

Es ist kein Schlüssel nötig.
Nur ein Moment des Stillwerdens.
Ein Atemzug, in dem du nicht suchst,
sondern empfängst.

Und dann geschieht etwas:
Nicht laut.
Nicht spektakulär.

Aber echt.
Die Stille beginnt zu sprechen.

**Stille ist kein Mangel an Worten, sondern Fülle ohne Lärm.**

In der Welt da draußen
wird geschrien, gepredigt, debattiert und behauptet.
Doch die Wahrheit hat keinen Lautsprecher.
Sie hat einen Puls.
Und der schlägt leise.

Die alten Schriften – Henoch, Thomas, Maria, Hermas –
sie alle sagen es zwischen den Zeilen:
Stille ist keine Flucht.
Sie ist ein Tor.

Ein Raum, in dem Gott nicht zu dir spricht,
sondern durch dich.

Ein Ort, an dem Erkenntnis nicht gelernt,
sondern erinnert wird.

**Der Tempel in dir – gebaut aus Licht, nicht aus Stein**

Was ist heilig?

Nicht ein Raum aus Marmor.
Nicht ein Goldkelch.
Sondern jener unsichtbare Innenraum in dir,
in dem du plötzlich weißt:
Ich bin nicht allein.
Ich bin gemeint.
Ich bin verbunden.

Die gnostischen Schriften nennen ihn „Pleroma" –
die Fülle.
Die Christen nennen es „der Heilige Geist".
Die Mystiker nennen es „das ungeteilte Sein".
Doch jenseits der Begriffe
bleibt die Erfahrung dieselbe:
Du bist nicht getrennt.
Du warst es nie.

**Was die Stille dich lehren kann**

- Dass Fragen oft heiliger sind als Antworten.
- Dass Leere kein Fehlen ist – sondern ein Raum für Fülle.
- Dass du nicht durch Leistung findest – sondern durch Lauschen.
- Dass Licht nicht gemacht wird – sondern enthüllt.

**Der innere Tempel brennt nicht.**
**Er wird nicht besetzt.**
**Er wird nicht kontrolliert.**

Er ist dein Ort.

Dort wartet kein Gott, der Forderungen stellt,
sondern eine Liebe, die dich erinnert.
Dort gibt es keine Sünde –
nur Trennung, die aufgehoben wird.

Wenn du in dieser Stille verweilst,
beginnt das Unsichtbare zu sprechen.
In Bildern.
In Gefühlen.

In einem Wissen, das du nicht gelesen hast,
aber das du immer in dir getragen hast.

**Was würde dir der innere Tempel sagen?**

Ich war nie verschlossen.
Du warst nur beschäftigt.

Ich war nie fern.
Du warst nur abgelenkt.

Ich bin kein Ort, den du finden musst.
Ich bin der Raum, aus dem du kommst.

> **Der größte Tempel,**
> **die tiefste Wahrheit,**
> **die heiligste Verbindung –**
> **ist in dir.**

Stille ist nicht das Ziel.
Sie ist der Weg.
Und manchmal –
die Offenbarung selbst.

# Kapitel 34: Warum Glaube & Wissen keine Feinde sind

*Stell dir vor ...*
ein Kind blickt in den Himmel
und sagt: *„Ich glaube, da oben wohnt das Licht."*
Ein Forscher blickt durch ein Teleskop
und sagt: *„Ich weiß, wie sich die Galaxien bewegen."*

Beide schauen in dieselbe Richtung,
nur durch unterschiedliche Fenster.

Doch was wäre, wenn es nie darum ginge,
sich für eines zu entscheiden?

Was wäre, wenn Glaube und Wissen
keine Gegensätze sind,
sondern zwei Flügel,
mit denen die Wahrheit fliegt?

### Glaube – das offene Herz

Glaube ist nicht Naivität.
Glaube ist das Vertrauen,
dass es mehr gibt, als du sehen kannst,
und dass dieses „Mehr" dir wohlgesonnen ist.

Glaube ist das innere Ja zum Unsichtbaren,
zur Möglichkeit, dass Licht selbst im Dunkel wohnt.
Er wächst nicht aus Beweisen,
sondern aus Berührung.

Ein Mensch glaubt nicht, weil er muss,
sondern weil er nicht anders kann.
Weil etwas in ihm weiß:
Da ist mehr.
Da war immer mehr.

### Wissen – das klare Auge

Wissen ist nicht Kälte.
Wissen ist die Ehrfurcht vor dem Detail.
Es ist das Staunen mit Verstand.

Die tiefe Freude, die entsteht,
wenn wir Zusammenhänge erkennen.

Wissen will verstehen,
nicht entzaubern.
Wissen ist der Versuch,
das große Ganze im Kleinen zu sehen.

Ein Mensch weiß nicht, um zu kontrollieren,
sondern um sich zu erinnern:
Die Welt hat Ordnung.
Der Kosmos spricht eine Sprache.
Und wir sind eingeladen, sie zu lernen.

**Wenn beide sich die Hand reichen**

Glaube beginnt dort,
wo das Wissen an seine Grenzen stößt –
und doch bleibt die Sehnsucht.
Wissen beginnt dort,
wo der Glaube fragen darf –
ohne Angst.

Die alten Schriften lehren uns beides:

- Henoch beschreibt kosmische Zyklen (Wissen)
- und vertraut göttlicher Führung (Glaube).
- Thomas ruft zur Selbsterkenntnis (Wissen)
- und bezeugt das Königreich im Inneren (Glaube).
- Maria spricht von Visionen (Glaube)
  und durchschaut die inneren Mächte (Wissen).

Es war nie ein Entweder-oder.
Es war immer ein Und.

**Was uns diese Einheit lehren kann**

- Du darfst zweifeln – und dennoch glauben.
- Du darfst forschen – und dennoch fühlen.
- Du darfst wissen – und dennoch beten.
- Du darfst glauben – und dennoch denken.

Denn Wahrheit ist nie einseitig.
Sie ist rund.
Wie ein Licht, das dich nicht blendet,
sondern führt.

**Was die Weisheit dir heute sagt:**

> *„Fürchte nicht den Zweifel –*
> *er macht deinen Glauben lebendig."*

> *„Fürchte nicht die Erkenntnis –*
> *sie macht dein Herz klar."*

> *„Wenn du glaubst wie ein Kind*
> *und fragst wie ein Weiser –*
> *bist du auf dem Weg des Ganzen."*

Glaube ist der Mut zu vertrauen.
Wissen ist der Mut zu verstehen.
Und Weisheit ist der Ort,
an dem sich beide umarmen.

# Kapitel 35: Zwischen Kanon und Ketzerei – Wer entscheidet, was heilig ist?

*Stell dir vor ...*
du findest ein altes Manuskript.
Die Worte leuchten.

Etwas in dir erkennt sich wieder.
Du nimmst es auf, als wäre es dir geschrieben worden.
Und dann sagt dir jemand:
**„Das ist nicht heilig. Das ist Ketzerei."**

Was macht einen Text heilig?
Der Stempel eines Konzils?
Die Zustimmung von Autoritäten?
Oder das, was er in deinem Herzen bewegt?

**Heiligkeit als politischer Beschluss**

Viele Menschen glauben:
Die Bibel fiel vom Himmel – fertig, vollständig, unverändert.
Doch in Wahrheit war sie ein Werk der Auswahl.
Ein Werk von Menschen, Konzilen und Mehrheiten.
Was heute als „Kanon" bezeichnet wird,
wurde durch Debatten und Machtinteressen entschieden.

Beim Konzil von Nicäa (325 n. Chr.)
ging es nicht nur um Wahrheit,
sondern auch um Kontrolle.
Was nicht passte, wurde ausgeschlossen.
Was zu frei war, zu weiblich, zu mystisch –
verschwand.

Die Bücher Henoch, Thomas, Maria, Baruch...
sie fielen nicht durch,
weil sie nicht wahr waren,
sondern weil sie zu viel wagten.

## Ketzerei – das Etikett für das Unbequeme

Das Wort „*Ketzerei*" klingt wie ein Schwert.
Doch oft war es nur der Name
für das, was man nicht verstehen oder beherrschen konnte.

Ein ketzerischer Text ist selten falsch.
Er ist nur anders.
Er spricht in einer Sprache,
die nicht ins System passt.
Und gerade deshalb kann er retten.

Denn Wahrheit braucht manchmal den Mut,
gegen den Strom zu schwimmen.

## Was ist wirklich „kanonisch"?

Ist ein Text nur deshalb heilig, weil er alt ist?
Oder weil er Licht bringt?
Weil er dogmatisch korrekt ist?
Oder weil er den Menschen verwandelt?

Ein Kind, das durch ein verbotenes Evangelium
zum ersten Mal das Gefühl hat:
„*Ich bin geliebt, wie ich bin*" –
hat vielleicht mehr Heiligkeit erfahren
als durch tausend Predigten.

## Wer also entscheidet, was heilig ist?

Vielleicht niemand von außen.
Vielleicht entscheidest du es –
durch das, was ein Wort in dir auslöst.

Wenn ein Text dich erinnert –
an deine Würde, an deine Seele, an dein Licht –

dann ist er heilig.
Nicht, weil es auf dem Umschlag steht,
sondern weil du es spürst.

## Was du mitnehmen darfst

- Heiligkeit ist kein Titel. Sie ist Wirkung.
- Ketzerei ist oft der Anfang von Erwachen.
- Die wahren Schriften schreiben sich in dein Herz.

## Was das Licht dir heute sagt

*„Fürchte dich nicht vor dem, was man dir verboten hat.*
*Manches wurde nicht verbannt, weil es falsch war –*
*sondern weil es zu wahr war."*

*„Heilig ist, was heilt.*
*Nicht, was herrscht."*

Wenn du das nächste Mal ein altes Wort liest,
und dein Herz beginnt zu brennen,
dann frage nicht zuerst nach Kanon.
Frag nach Klarheit.
Frage nach Liebe.
Denn was dich erinnert,
war immer für dich bestimmt.

# Kapitel 36: Die weibliche Stimme der frühen Texte

## verloren und wiedergefunden?

*Stell dir vor* ...
die ersten Gemeinden.
Kleine Räume, kein Pomp.
Menschen sitzen im Kreis, die beten, teilen, fragen.
Und in ihrer Mitte – Frauen.
Lehrend. Heilend. Träumend. Führend.
Nicht als Ausnahme, sondern als Ursprung.

Bevor das Dogma kam, kam die Beziehung.
Bevor es Hierarchie gab, gab es Herz.
Und die Stimme der Frau war Teil des Heiligen.

## Maria Magdalena – das Gesicht des Vergessenen

Maria.
Nicht die Mutter, sondern die Zeugin.
Nicht stumm, sondern weise.
Nicht verführt, sondern erleuchtet.

Sie war es, die Jesus als Erste begegnete.
Nicht nur als Mensch, sondern als Stimme der Erkenntnis.
Und doch machte man sie zur Sünderin.
Warum?

Weil sie zu stark war.
Weil sie sprach.
Weil sie wusste.

### Sophia – die Weisheit als Frau

Im Buch der Weisheit, in den Sprüchen Salomos:
Die göttliche Weisheit trägt einen Namen.
Sophia.
Sie ist weder abstrakt noch männlich oder fordernd.
Sie ist zart und klar.

*„Ein reiner Hauch göttlicher Kraft."*

Sie führt, indem sie erinnert.

In der frühen Gnosis galt Sophia als das göttliche Prinzip,
das im Menschen wohnt –
verloren und doch ruft sie aus der Tiefe.

*„Ich bin gefallen – aber nicht vergessen."*

### Verdrängung als Strategie

Mit dem Aufstieg der Institutionen
musste das Weibliche weichen.
Nicht aus Mangel an Bedeutung –
sondern aus Angst vor Machtverlust.

Die weibliche Stimme wurde ausgegrenzt,
nicht weil sie schwach war,
sondern weil sie nicht kontrollierbar war.
Und Kontrolle war das neue Dogma.

### Aber sie kehrt zurück

Heute – leise, aber klar –
kehrt sie zurück.
In Träumen. In Texten. In Erinnerungen.
Nicht nur als Figur, sondern als Frequenz.

Sie sagt:

*„Wisse, dass du verbunden bist."*

Sie sagt:

*„Heilung beginnt dort, wo Macht endet."*

Sie sagt:

*„Die Wahrheit spricht nicht lauter, nur tiefer."*

**Was du mitnehmen darfst**

- Die weibliche Stimme war nie weg. Sie wurde nur übertönt.
- In dir leben beide Kräfte – männlich und weiblich, rational und intuitiv.
- Wer nur eine Seite ehrt, bleibt halb.

**Was sagt dir das Licht heute?**

*„Erkenne die Weisheit in der Sanftheit.*
*Sie ist nicht weniger, sie ist nur verborgen."*

*„Wenn du deine weibliche Seite unterdrückst,*
*unterdrückst du das halbe Licht."*

Lies die alten Schriften mit neuen Augen.
Nicht nur als Texte über Männer.
Sondern als Ruf an den ganzen Menschen.
Denn das Göttliche spricht in jeder Stimme,
die von Liebe getragen ist.

# Kapitel 37: Der innere Tempel – Warum du keine Vermittler brauchst

*Stell dir vor ...*
du betrittst einen Tempel.

Kein Marmor. Keine Altäre.
Kein Rauch. Kein Priester.
Nur Stille.
Und doch ist es heiliger Boden.
Denn du stehst in dir selbst.

## Der Ort der Begegnung

Lange Zeit hat man dir erzählt:
*„Du brauchst einen Mittler."*
Einen Priester. Ein Ritual. Ein Opfer.
Denn Gott ist fern, verborgen und unnahbar.

Doch was, wenn der größte Irrtum nicht der Zweifel war,
sondern der Gedanke, du seist getrennt?

Der wahre Tempel ist nicht aus Stein gebaut.
Er atmet.
Er pocht in deiner Brust.

## Jesus, der Innererwecker

Im Thomasevangelium sagt Jesus:

*„Das Reich Gottes ist in euch – und außerhalb von euch."*

Er verlangt keinen Kult.
Er gibt keine Liturgie vor.
Er stellt nur Fragen,
damit du selbst Antworten findest.

Er ruft dich nicht in eine Kirche.
Er ruft dich in dich.

### Die zerstörten Tempel – und was blieb

Der Tempel von Jerusalem wurde zweimal zerstört.
Mauern fielen.
Doch das Gebet fiel nicht.
Die Sehnsucht. Die Stimme des Herzens.

Denn das Heilige zieht sich nicht zurück,
wenn Mauern brechen.
Es zieht sich zurück,
wenn sich Herzen verschließen.

### Warum du niemanden brauchst & trotzdem verbunden bist

Die Gnosis lehrt:
Nicht das Außen erlöst dich,
sondern die Erkenntnis des Lichts in dir.

Du brauchst keinen Vermittler,
weil es keine Trennung gibt.
Du brauchst keine Erlaubnis,
weil deine Würde schon da ist.
Du brauchst keinen Fürsprecher,
weil das Göttliche längst in dir spricht.

### Der innere Altar

Stille.
Ein Atemzug.
Ein Blick nach innen.

Dort findest du:
Kein Dogma. Kein Verbot. Kein Urteil.

Sondern:
ein Licht, das dich kennt.
Ein Raum, der dich empfängt.
Ein Name, der deiner ist.

**Was dir dieser Tempel heute sagt**

- Du darfst zurückkehren – nicht in ein Gebäude, sondern in dich.
- Heiligkeit beginnt nicht mit Weihrauch, sondern mit Aufrichtigkeit.
- Du bist nicht getrennt – du bist der Tempel.

**Worte, die bleiben dürfen**

> *„Der höchste Altar ist der stille Moment,*
> *in dem du dir selbst begegnest."*

> *„Gott braucht keine Vermittlung –*
> *nur deine Bereitschaft, still zu werden."*

Lies dieses Kapitel nicht als Kritik.
Lies es wie eine Erinnerung.
Du brauchst keine Vermittler.
Denn du bist selbst Teil der göttlichen Verbindung.

# Kapitel 38: Die Angst vor der Wahrheit

**Warum wurde das Licht unterdrückt?**

*Stell dir vor ...*
es gäbe ein Licht, das so klar ist,
dass keine Lüge daneben bestehen kann.
Ein Licht, das nicht urteilt,
aber alles sichtbar macht.

Ein solches Licht ruft keine Zustimmung hervor.
Es ruft Widerstand.

## Wahrheit als Gefahr

Was ist Wahrheit?
Im Johannes-Evangelium stellt Pilatus diese Frage
nicht suchend, sondern spöttisch.
Denn die Wahrheit war schon damals gefährlich.

# Und sie ist es bis heute.

Nicht, weil sie Gewalt ausübt.
Sondern weil sie entlarvt.
Weil sie das entzieht, worauf Macht aufgebaut ist:
Angst, Kontrolle und Unwissenheit.

## Warum wurde das Licht unterdrückt?

Die apokryphen Schriften wurden nicht verbannt,
weil sie belanglos waren.
Sondern weil sie zu viel Licht brachten.

Sie sagten:

> *„Du bist göttlich.*
> *Du brauchst keine Vermittler.*
> *Das Reich Gottes ist in dir."*

Solche Aussagen sind wie Sprengstoff –
nicht für das Herz, sondern für Systeme.

## Machtstrukturen fürchten Erkenntnis

Dogmen schaffen Ordnung –
aber nicht immer Wahrheit.
Institutionen bieten Sicherheit –
aber nicht immer Freiheit.

Die Wahrheit fragt nicht,
ob sie willkommen ist.
Sie ist einfach da.
Wer ihr begegnet,
muss sich entscheiden:
Verdrängen oder verwandeln.

## Der Mechanismus der Verdrängung

So wurden die Schriften aussortiert.
Nicht durch göttliches Urteil,
sondern durch Konzile,
durch politische Erwägungen,
durch die Angst vor Freiheit.

Die Wahrheit wurde nicht widerlegt.
Sie wurde verschwiegen.

Doch was im Verborgenen liegt,
verliert nicht seine Kraft.
Es wartet.

## Die Angst, die uns klein hält

Warum fürchten wir das Licht?

Weil es uns zeigt,
dass wir schon frei sind
und keine Ausreden mehr haben.

Weil es uns aufruft,
nicht mehr zu folgen,
sondern selbst zu gehen.

Weil es uns offenbart,
dass Erlösung nicht erkauft,
sondern erinnert wird.

**Was das Licht heute sagt**

- Hab keine Angst vor der Wahrheit!
  Fürchte die Lüge, die dich davon abhält.

- Erkenne, dass das Licht nicht gegen dich ist,
  sondern für dich.

- Und wenn du zitterst:
  Es ist nicht das Licht, das dir wehtut –
  es ist der Schatten, der weicht.

**Worte, die bleiben dürfen**

> *„Die Wahrheit ist kein Schwert.*
> *Sie ist ein Spiegel."*
>
> *„Nicht die Wahrheit tut weh,*
> *sondern der Widerstand gegen sie."*

Lies dieses Kapitel nicht als Anklage gegen Institutionen.
Lies es als Einladung:
Dich zu erinnern, dass das Licht nie fern war –
nur verschüttet.

# Kapitel 39: Der Christus in dir – Jenseits von Religion

*Stell dir vor …*
Christus wäre kein Name.
Kein Dogma. Kein Symbol. Keine Figur in Kirchenfenstern.
Stell dir vor, Christus wäre ein Bewusstseinszustand.
Eine innere Gegenwart. Eine lebendige Kraft –
nicht außerhalb von dir,
sondern in dir.

## Christus als innere Wirklichkeit

Jesus verkörperte etwas,
das größer war als seine Worte,
größer als seine Wundertaten,
größer als der Mythos um seine Gestalt.

- Er war durchlässig für das Licht.
- Er war Erinnerung in Fleisch und Blut.
- Er verkörperte das, was in jedem Menschen angelegt ist: **Christusbewusstsein.**

Nicht als Titel.
Als Zustand.

## Das Reich Gottes ist in dir

Im Thomasevangelium heißt es:

> *„Wenn du dich erkennst,*
> *wirst du erkannt werden.*
> *Und du wirst wissen,*
> *dass du ein Kind*
> *des lebendigen Vaters bist."*

Christus ist keine Figur,
die angebetet werden will.
Christus ist ein Spiegel,
der sagt: *„So kannst du auch sein."*

Ein Mensch,
der mit dem Göttlichen in sich verbunden ist,
der aus Liebe handelt statt aus Angst,
der aus Wahrheit lebt statt aus Gewohnheit.

## Warum Religionen trennen – und Christus verbindet

Viele Religionen sprechen vom Göttlichen.
Doch oft bleibt es außen, oben, weit weg.

Christus dagegen bringt es nach Hause.
In dein Herz.
In deinen Atem.
In deinen Blick.

Religion will oft ordnen.
Christus will wecken.

## Was der Christus in dir bedeutet

- Du bist nicht auf der Suche nach Gott.
- Du bist die Erinnerung an ihn.
- Du bist nicht sündig.
- Du bist auf dem Weg, dich daran zu erinnern, wer du wirklich bist.
- Du musst dich nicht erst verdienen.
- Du bist schon Teil des Lichts.

**Die große Einladung**

Der Christus in dir wartet nicht auf Anbetung.
Er wartet auf Aufrichtigkeit.
Auf Mut.
Auf den Moment,
in dem du dich nicht mehr klein machst.

Er ist keine Figur in der Geschichte.
Er ist der goldene Faden in deiner eigenen Geschichte.

**Worte, die dich erinnern**

> *„Christus ist kein Name.*
> *Er ist ein inneres Feuer."*

> *„Wer Christus nachfolgt, folgt nicht einem Mann,*
> *sondern einem Weg."*

Lies dieses Kapitel nicht mit den Augen der Religion.
Lies es mit dem Herzen deiner Sehnsucht.
Denn vielleicht ist Christus genau dort,
wo du dich am meisten danach sehnst, ganz zu sein.

# Kapitel 40: Der innere Tempel – wo das Göttliche wohnt

*Stell dir vor ...*
es gäbe einen Ort,
an dem Himmel und Erde sich berühren.
Nicht aus Stein. Nicht gebaut von Menschenhand.
Sondern lebendig.
Atem für Atem.
In dir.

## Tempel als Spiegel des Inneren

Seit Anbeginn haben Menschen Tempel errichtet:
Steintempel, goldene Hallen, Kathedralen und Schreine.
Doch der erste Tempel war keiner von diesen.
Der erste Tempel war das Herz.

> *„Wisst ihr nicht, dass ihr Gottes Tempel seid?"*
> *(1. Korinther 3,16)*

Die frühen Weisheitslehren,
die mystischen Strömungen, die apokryphen Schriften –
sie alle sagen:

> *„Du musst nicht pilgern,*
> *du musst dich erinnern.*
> *Der heilige Ort ist nicht außerhalb.*
> *Er ist in dir."*

## Der Tempel der Stille

Wenn du die Augen schließt,
und in die Tiefe deines Seins gehst,
wirst du einen Ort finden,
der nicht laut ist,
nicht groß,
aber vollkommen klar.

Dort wohnt nicht der Gott der Angst,
nicht der Gott des Richtens,
sondern der Gott der Nähe.

Der Gott,
der durch dein Mitgefühl spricht,
durch deine Achtsamkeit atmet,
und in deiner Liebe leuchtet.

**Was zerstört den inneren Tempel?**

Nicht Zeit.
Nicht Zweifel.
Nicht Schmerz.

Es ist das Vergessen.
Das Vergessen, dass du heilig bist.
Dass du ein Ort bist, an dem sich das Göttliche zeigen
möchte.

Und was baut ihn wieder auf?
Ein einziger Moment echter Stille.
Ein ehrliches Gebet,
gesprochen nicht mit den Lippen,
sondern mit der Seele.

**Was der innere Tempel dir sagt**

- Du bist nicht leer. Du bist bereit.
- Du musst nicht laut sein, um heilig zu sein.
- Der Weg zu Gott ist kein Weg über Steine,
  sondern über Schritte der Erinnerung.

**Der Tempel hat keinen Altar. Du bist der Tempel.**

Es braucht kein Räucherwerk,
keine goldene Kuppel.
Nur einen offenen Moment.

Einen Atemzug Wahrheit.
Ein Flüstern, das sagt:
*„Ich bin bereit."*

Wenn du diesen Tempel betrittst,
trittst du in dich selbst ein.
Und dort – ganz still –
wartet das Göttliche.
Nicht als König.
Nicht als Richter,
sondern als Liebe,
die nie gegangen ist.

**Letzte Worte des Tempels**

*„Suche mich nicht in Höhen,*
*wenn ich in der Tiefe*
*deines Herzens wohne."*

## Kapitel 41: Gnosis – die Sprache der Seele

*Stell dir vor ...*
du liest keine heiligen Bücher mehr,
sondern dich selbst.
Du lauschst keiner Predigt mehr,
sondern deiner tiefsten Intuition.
Und plötzlich verstehst du.
Nicht im Kopf,
sondern im Herzen.

Das ist Gnosis.

## Wissen ohne Lehre

Gnosis ist kein Unterricht.
Es ist kein System.
Es ist keine Theologie.

Gnosis ist das Erkennen der Wahrheit in dir.
Nicht gelernt – sondern erinnert.
Nicht erklärt – sondern erfahren.

Es ist der Moment,
in dem du nicht mehr glaubst,
sondern weißt.

Und du weißt es nicht,
weil dir jemand sagt, dass es so ist,
sondern weil etwas in dir zu flüstern beginnt:
*„Ja. Genau so."*

## Die Sprache der Seele

Gnosis spricht keine Fremdsprache.
Sie spricht deine.

- Sie kommt durch Bilder,
- durch Einsichten,
- durch Träume,
- durch stille Ahnungen,
- durch einen Satz,
- eine Begegnung,
- einen Moment der Ehrlichkeit.

Sie braucht keine Rituale –
aber sie heilt alle, die sie ehrlich suchen.

## Gnosis und Religion

Gnosis ist keine Feindin der Religion.
Sie ist jedoch größer als jedes Dogma.
Sie ist der Raum hinter der Form,
der Klang hinter dem Wort,
das Licht hinter dem Buchstaben.

Viele Religionen haben sie einst gekannt.
Und einige haben sie dann bekämpft.
Denn Gnosis befreit.

Sie macht Menschen unabhängig –
nicht von der Liebe,
aber von der Kontrolle.

Ein freier Mensch lässt sich nicht zwingen.
Ein erwachtes Herz lässt sich nicht knechten.

Darum wurden die Gnostiker verfolgt.
Nicht, weil sie unwahr waren,
sondern weil sie zu wahr waren.

## Jesus und die Gnosis

Im Thomasevangelium,
im Evangelium der Maria,
in den verborgenen Worten Jesu,
spricht Gnosis aus jedem Satz:

*„Wenn ihr euch selbst erkennt,*
*werdet ihr erkannt werden."*

*„Das Reich Gottes ist in euch –*
*und außerhalb von euch."*

Er ruft dich nicht zur Kirche,
sondern zu dir selbst.

Er zeigt dir nicht den Weg –
er erinnert dich,
dass du ihn schon kennst.

**Warum Gnosis heute so wichtig ist**

Weil wir uns verlaufen haben.
In Meinungen. In Systemen. In Angst.
Und weil viele Menschen spüren,
dass ihre Seele nach etwas ruft,
was kein Buch allein geben kann.

Gnosis ist der Ruf deiner Seele,
sich selbst wieder zu trauen.

**Was Gnosis dir sagt**

- Du bist mehr als das, was man dir erzählt hat.
- Du bist kein leerer Becher, den andere füllen müssen.
- Du bist ein Funke, der das ganze Licht in sich trägt.

**Ein letzter Gedanke**

Wenn du Gnosis suchst,
geh nicht fort –
geh tief.

Schließ die Augen,
und frag nicht:
*„Was ist wahr?"*
Sondern:

*„Was war schon immer da –*
*bevor ich es vergessen habe?"*

Denn das,
was du suchst,
sucht längst dich.

## Kapitel 42: Rückkehr des Herzens: Mystik statt Moral

*Stell dir vor ...*
du müsstest nichts mehr „richtig machen",
um göttlich zu sein.
Du müsstest niemandem etwas beweisen.
Du müsstest nicht kämpfen, um geliebt zu werden.
Du wärst einfach – verbunden.
Schon jetzt. Schon immer.

Das ist der Weg der Mystik.

### Moral kontrolliert – Mystik verbindet

Moral fragt:
*„Ist das erlaubt?"*
Mystik fragt:
*„Ist das wahr?"*

Moral lebt von Regeln,
von Grenzmarkierungen und äußeren Pflichten.
Sie unterscheidet *„richtig"* von *„falsch"*,
*„rein"* von *„unrein"*,
*„heilig"* von *„sündig"*.

Mystik tut das nicht.
Sie schaut nicht auf die Oberfläche –
sie horcht in die Tiefe.

Sie fragt nicht, ob du die Vorschriften erfüllst.
Sie fragt, ob dein Herz noch schlägt –
für das Wahre, für das Gute,
für das, was dich lebendig macht.

### Der mystische Blick

Mystiker sehen nicht mehr nach außen.
Sie sehen durch.

- Wo andere Schuld sehen,
  sehen sie eine Wunde.
- Wo andere Irrtum sehen,
  sehen sie eine Suche.
- Wo andere Gesetz sehen,
  sehen sie Sehnsucht.

Sie sprechen nicht in Dogmen,
sondern in Bildern, in Liedern, in Stille.
Ihre Sprache ist nicht normativ –
sie ist heilend.

### Jesus war Mystiker

Nicht Richter.
Nicht Gesetzgeber.
Ein Weckender.

Er sagte:

> *„Selig sind die reinen Herzens sind –*
> *denn sie werden Gott schauen."*

Nicht: die Richtigen.
Nicht: die Perfekten.
Sondern: die Reinen im Herzen –
die Durchlässigen.

Er sprach vom verlorenen Sohn,
nicht um Schuld zu betonen,
sondern Heimkehr.

Er verurteilte keine Sünderin,
sondern offenbarte den Spiegel derer,
die sie verurteilen wollten.

**Warum Mystik heute wiederkehrt**

Weil viele spüren,
dass moralische Systeme allein
kein Zuhause bieten.

Sie trennen.
Sie beschämen.
Sie machen abhängig.

Die Mystik hingegen erinnert uns:
Du bist ein Tempel –
nicht ein Gefangener.

Du bist eine Flamme –
nicht ein Fehler.

Und alles, was du suchst,
beginnt im Herzraum –
nicht im Gerichtssaal.

**Was Mystik dir sagt**

- Du musst nichts leisten, um göttlich zu sein.
- Du darfst deine Dunkelheit anschauen – ohne zu verzweifeln.
- Du darfst dem Unaussprechlichen begegnen – im Schweigen.

**Ein letzter Gedanke**

Die Rückkehr des Herzens ist kein Trend.
Sie ist eine Heimkehr.

Vielleicht spürst du sie schon lange.
Vielleicht hat sie viele Namen getragen:
Liebe. Gnade. Verbundenheit.

Aber im Grunde ist es immer dasselbe:
Es ist das göttliche Licht in dir,
das sich daran erinnert,
wer du bist.

Und wer du nie aufgehört hast zu sein.

# Kapitel 43: Der vergessene Christus – jenseits der Religionen

*Stell dir vor …*
du würdest Christus zum ersten Mal begegnen.
Nicht im Kreuz, nicht im Dom,
nicht im Dogma.

Sondern in einem Blick.
In einer Geste.

In einem Wort,
das nicht richtet – sondern erinnert.

Nicht als Figur der Anbetung,
sondern als Gegenwart.
Still. Nah. Wach.

## Christus – kein Name, sondern eine Frequenz

Christus ist nicht der Nachname von Jesus.
Er ist kein Titel, den man verleiht.
Er ist ein Zustand des Bewusstseins.
Eine Wirklichkeit – jenseits von Form.

*„Christus"* heißt:
das Licht im Menschen.
Das göttliche Prinzip in dir.
Die Kraft, die heilt, die erinnert und die durchdringt.

Jesus lebte in dieser Frequenz.
Er verkörperte sie.
Doch er beanspruchte sie nicht für sich allein.

> *„Ihr seid das Licht der Welt."*
> *(Matthäus 5,14)*

## Religion machte aus Christus ein Dogma

Was Jesus lebte, wurde später verpackt:
in Systeme, Sakramente und Strafen.

Sein freier Geist –
gebunden an Bücher.
Seine heilende Nähe –
eingesperrt in Hierarchien.

Sein Ruf zur Freiheit –
umgedeutet in Gehorsam.

Doch der Christus, von dem er sprach,
war kein Exklusivrecht.
Er war – und ist – das Licht IN dir.

**Christus ist nicht Eigentum**

Weder von Kirchen,
noch von Theologien.
Er ist kein Mitglied einer Konfession.
Er ist kein Abo für Erlösung.

Christus ist das lebendige Bewusstsein,
dass du Teil des Göttlichen bist –
nicht getrennt.
Nicht verdammt.
Nicht minderwertig.

Christus ist der, der dich ruft –
nicht von außen,
sondern aus deiner Tiefe.

**Warum ging dieser Christus verloren?**

Weil ein freier Mensch schwer zu kontrollieren ist.
Weil sich ein inneres Licht nicht besteuern lässt.
Weil Gnade, die keine Bedingungen kennt,
Machtstrukturen erschüttert.

So wurde Jesus zum Idol,
Christus zur Institution,
und du – zum Schuldner.

Doch das war nie seine Botschaft.

*„Das Reich Gottes ist inwendig in euch."*
*(Lukas 17,21)*

## Was Christus heute sagen würde

Er würde keine Kirche bauen.
Er würde keine Bücher verbrennen.
Er würde nicht fragen, ob du getauft bist.

Er würde dich anschauen –
und sehen, wer du bist.

Er würde dich daran erinnern:
Du bist nicht gefallen –
du hast vergessen.
Du bist nicht verloren –
du bist unterwegs.

## Ein anderer Christus

Ein Christus ohne Krone.
Ohne Schuld.
Ohne Machtanspruch.

Ein Christus,
der in dir aufsteht –
immer dann, wenn du liebst,
verzeihst,
aufrecht bleibst,
trotz allem.

## Wenn du ihm begegnen willst

Geh nicht nach Rom.
Geh nicht ins Streitgespräch.

Geh still.
Geh ehrlich.
Geh nach innen.

Denn der wahre Christus
ist nicht außerhalb von dir.

Er wartet
in deinem Licht.

## Kapitel 44: Die Wiederkehr des Weiblichen – das vergessene Prinzip

*Stell dir vor ...*
es gab einmal eine Zeit,
da war das Weibliche nicht schwach.
Nicht untergeordnet.
Nicht schweigend.

Es war eine Quelle.
Wissen.
Gegenwart.
Der Kelch – nicht das Schwert.

Und dann kam das Vergessen.
Nicht auf einen Schlag,
sondern wie Nebel,
der sich leise über ein Tal legt.

### Die Verdrängung der Göttin

In alten Kulturen stand das Weibliche im Zentrum:
Isis, Inanna, Sophia und Shekinah.
Sie waren nicht das Beiwerk,
sie waren Ursprung.

Sie hüteten das Wissen um Leben,
Tod,
Wandlung.

Doch mit der Zeit
wurden sie ersetzt:
durch Gesetze statt Intuition,
durch Priester statt Priesterinnen,
durch Macht statt Empfänglichkeit.

Die Göttin wurde zur Hure,
die Weisheit zur Ketzerei,
das Empfangen wurde zur Schwäche erklärt.

**Das Weibliche ist kein Geschlecht – sondern ein Prinzip**

Es geht nicht nur um Frauen.
Es geht um das,
was wir lange in uns verbannt haben:

Empfänglichkeit.
Verbundenheit.
Tiefe.
Kreis statt Hierarchie.
Stille statt Spektakel.

Das Weibliche weiß,
ohne zu argumentieren.
Es heilt,
ohne zu kontrollieren.
Es verwandelt,
ohne zu zerstören.

## Maria Magdalena – die Stimme des Verlorenen

Sie stand an der Seite Jesu.
Nicht hinter ihm.
Nicht unter ihm.
Sie stand neben ihm.

Sie war Zeugin der Auferstehung.
Sie sprach mit Engeln.
Sie wurde unterbrochen, belehrt, verworfen –
aber nie widerlegt.

Denn in ihr sprach das Urprinzip:
Erkenntnis durch Liebe.
Führung durch Innerlichkeit.

*„Wo der Geist wohnt, da gibt es kein Gesetz."*

## Warum das Weibliche jetzt zurückkehrt

Weil die Welt genug gerannt ist.
Sie hat genug erobert.
Sie hat genug gerichtet, gezählt und gezwungen.

Jetzt ruft etwas anderes:
Nicht die nächste These.
Sondern ein Lauschen.
Nicht die nächste Tat.
Sondern ein Sein.

Das Weibliche kehrt nicht zurück,
um zu herrschen,
sondern um zu erinnern.

Erinnern, dass es nicht nur um Fortschritt geht,
sondern um Rückbindung.

Nicht nur um Wissen,
sondern um Weisheit.

## Was die Wiederkehr des Weiblichen bedeutet

Es ist kein Krieg der Geschlechter.
Es ist eine Heimkehr der Kräfte.

Ein Wiedersehen
zwischen Kopf und Herz,
zwischen Logik und Intuition,
Stab und Kelch.

Die Sophia ruft.
Die Shekinah weint.
Die Maria flüstert:
„Du musst nicht mehr kämpfen."

## Wenn du bereit bist

Dann höre zu.
Nicht mit dem Ohr – mit der Seele.
Achte auf das,
was leise ist.
Zart.
Tief.

Denn das Weibliche
spricht selten laut.
Aber wenn es spricht,
erinnert es dich an das,
was du nie verloren hast:

Dein ganzes Sein.

# Kapitel 45: Das Schweigen der Kirche

## wenn Wahrheit unbequem wird

*Stell dir vor ...*
ein Kind stellt eine einfache Frage:
**„Warum steht das nicht in der Bibel?"**
Die Antwort ist ein Blick.
Ein Achselzucken.
Ein Themawechsel.

So beginnt es.
Nicht mit einem Verbot.
Sondern mit Schweigen.

## Die Macht des Verschweigens

Die Kirche war nicht immer Hüterin der Wahrheit.
Oft war sie Verwalterin der Ordnung –
der gesellschaftlichen,
der politischen,
der dogmatischen Ordnung.

Was nicht hineinpasste,
wurde nicht diskutiert –
es wurde weggeschlossen.

Evangelien, die von Erkenntnis sprechen.
Schriften, die von weiblicher Weisheit erzählen.
Texte, in denen Jesus nicht nur Retter ist,
sondern Spiegel –
für den Weg nach innen.

**Wem dient das Schweigen?**

Ein System, das auf Kontrolle basiert,
braucht klare Grenzen:
Wer ist drinnen, wer draußen?
Was ist erlaubt, was ist gefährlich?

Doch Wahrheit lässt sich nicht katalogisieren.
Sie lebt.
Sie fließt.
Und genau das ist ihre Bedrohung für jede Institution.

Denn wenn der Mensch erkennt,
dass das Göttliche nicht in Gebäuden wohnt,
nicht durch Rituale verkauft werden kann –
dann verliert jede äußere Autorität ihre Macht.

**Die Folgen für Generationen**

So wurden Generationen geprägt:
Nicht zur Suche,
sondern zur Unterwerfung.

Man glaubte, um nicht zu zweifeln.
Man gehorchte, um nicht zu irren.
Man betete, ohne zu fühlen.

Und doch –
unter der Oberfläche blieben Fragen.

Warum spricht Jesus im Thomasevangelium so anders?

Warum ist Maria Magdalena in den Apokryphen die Vertraute,
aber im Dogma nur eine Sünderin?

Warum findet sich das Buch Henoch in der äthiopischen Kirche,
aber nicht im Westen?

## Das Schweigen beginnt zu bröckeln

Die Zeit des Schweigens geht zu Ende.
Nag Hammadi.
Qumran.
Offene Archive.
Wissenschaftler, Mystiker und Suchende –
sie graben das Verlorene aus.

Und was sie finden,
ist keine Häresie.
Es ist Tiefe.
Es ist Erinnerung.

Nicht gegen den Glauben.
Sondern gegen seine Verzerrung.

## Was wir daraus lernen können

Wahrheit hat keine Angst vor Fragen.
Nur Systeme haben Angst.
Dogmen, die sich nicht wandeln,
werden zu Gräbern.

Doch die lebendige Wahrheit –
die, die heilt, bewegt und erinnert –
braucht keine Mauern.
Sie braucht nur offene Herzen.

**Was das Schweigen uns heute sagt**

Wenn du spürst,
dass dir etwas fehlt,
dann vertraue diesem Gefühl.

Wenn du liest,
was nie gelesen werden durfte,
dann öffnet sich ein inneres Fenster.

Du musst nichts angreifen.
Nur erinnern.

Denn wer sich erinnert,
ist nicht mehr kontrollierbar.

# Kapitel 46: Die verborgenen Quellen Jesu

## Lehrer jenseits der Schrift

*Stell dir vor ...*
Jesus tritt nicht aus dem Nichts in die Welt.
Er erscheint nicht wie ein Blitz aus heiterem Himmel.
Er ist nicht nur Sohn, nicht nur Gesandter –
er ist ein Erbe.
Ein Träger uralter Weisheit,
die schon lange durch die Welt zieht.

## Wer lehrte den Lehrer?

Jesus war Jude.
Aber er sprach oft wie ein Mystiker.
Wie jemand, der nicht nur die Schrift kannte,
sondern sie auch durchschaut hatte.

Der nicht nur das Gesetz las,
sondern das Herz des Gesetzes fühlte.

Woher kam seine Tiefe?

War sie nur göttlich inspiriert?
Oder hatte er Zugang zu Quellen,
die heute kaum jemand kennt?

## Die Essener und die Schule der Stille

Am Toten Meer lebte eine Gemeinschaft –
die Essener.
Sie schrieben, meditierten und fasteten.
Sie glaubten an Licht und Schatten,
an Reinigung und an ein kommendes Reich.

Und sie kannten Henoch.
Sie lasen Jubiläen.
Sie lebten nicht nach Macht,
sondern nach Reinheit.

Viele Forscher sehen Parallelen
zwischen den Lehren Jesu und den Schriften von Qumran.
Vielleicht war Jesus Schüler dieser Tradition.
Vielleicht war er aber auch ihr Vollender.

## Ägypten, Alexandria, das östliche Licht

Die Flucht nach Ägypten war mehr als ein Zufall.
Alexandria war eine Stadt des Wissens.
Hier verschmolzen jüdische, griechische und ägyptische
Lehren.
Hier lebte auch Philon,

ein jüdischer Philosoph,
der von der göttlichen Weisheit, der Sophia, sprach.

War Jesus von dieser Strömung berührt?
Sprachen er und seine Jünger
von Logos, Licht und innerer Erkenntnis,
weil sie in einer Welt lebten,
in der Gnosis bereits Wurzeln geschlagen hatte?

**Die stillen Lehrer, die nie erwähnt wurden**

Was, wenn Jesus nicht allein lehrte,
sondern in einem Netzwerk geistiger Lehrer stand?

Was, wenn Maria Magdalena,
Lazarus, Johannes und Thomas –
nicht nur Jünger,
sondern Mitträger des Lichts waren?

Wenn man genau liest,
sieht man:
Jesus spricht nicht wie jemand,
der etwas neu erfindet.
Er spricht wie jemand,
der das Uralte neu in Erinnerung ruft.

**Warum blieben diese Quellen verborgen?**

Die offizielle Kirche brauchte Eindeutigkeit.
Ein Gott.
Ein Sohn.
Ein Weg.

Aber Jesus selbst sprach oft in Rätseln.
In Gleichnissen.

Er gab keine Dogmen.
Er gab Impulse.

Die anderen Stimmen –
die Essener, die Gnostiker und die Mystiker –
wurden deshalb ausgeblendet.
Nicht, weil sie falsch waren,
sondern weil sie zu viel Raum ließen
für die eigene Erkenntnis.

**Was würde Jesus uns heute sagen?**

> „Ich bin gekommen, nicht um zu zerstören,
> sondern zu erfüllen."

Vielleicht meint er:
Ich bin das Licht,
das in vielen Quellen gespiegelt wird.
Nicht eine Antwort,
sondern die Einladung, selbst zu fragen.

**Die verborgenen Quellen führen nicht von ihm weg.
Sie führen tiefer zu ihm hin.**

# Kapitel 47: Das Weibliche Prinzip im Verborgenen

### Die Stimme, die nicht schweigt

*Stell dir vor ...*
die ersten Jahrhunderte des Glaubens waren nicht männ-

lich dominiert.
Sie waren durchwoben von Stimmen – männlich *und* weiblich.
Maria Magdalena war nicht allein.
Es gab viele – bekannte, vergessene, verdrängte –
die das Weibliche nicht als Gegenüber,
sondern als Herz der Wahrheit trugen.

## Sophia – die Weisheit mit einem weiblichen Gesicht

In der Weisheit Salomos heißt es:

*„Die Weisheit ist ein Hauch der göttlichen Kraft."*

Diese Weisheit – im Griechischen *Sophia* –
ist weiblich.
Nicht metaphorisch.
Sie ist lebendig, wirkend und klar.
Sie ist die unsichtbare Kraft,
die nicht herrscht, sondern durchdringt.
Sie fordert nicht, sondern führt.

Und sie war da,
lange bevor Dogmen ihr den Mund verboten.

## Die Stimme Mariens – mehr als nur Zeugin

Maria Magdalena war nicht die Einzige.
Auch Salome, Martha und die Prophetin Hanna,
die Frauen in den gnostischen Evangelien –
sie alle sprachen, lehrten, heilten, verkündeten.

Das *Evangelium der Maria* zeigt eine Frau,
die nicht fragt, sondern weiß.

Die nicht gehorcht, sondern versteht.
Und das Thomasevangelium sagt:

*„Ich werde sie führen, damit auch sie wird wie ihr –*
*denn jeder, der sich vom Männlichen abkehrt,*
*und das Weibliche annimmt,*
*wird ins Königreich gelangen."*

Ein radikales Bild.
Ein Gleichgewicht.
Es geht nicht um einen Machtkampf, sondern um eine Erinnerung:
Göttlichkeit ist Ganzheit.

**Warum wurde das Weibliche verdrängt?**

Mit dem Aufstieg der kirchlichen Macht
wurde auch ein Bild etabliert:
Gott als Herrscher.
Christus als König.
Die Kirche als Institution der Disziplin.

Für das Weibliche, das Intuitive, Empfangende und das Seelentiefe –
war in diesem System kein Platz.
Und doch war es da.
In der Stille.
Im Gebet.
Im Traum.
Im Inneren.

## Was das Weibliche heute verkörpert

Es steht für ein anderes Wissen.
Ein Wissen, das nicht argumentiert, sondern offenbart.
Nicht kämpft, sondern heilt.
Nicht spaltet, sondern verbindet.

Das Weibliche Prinzip ist nicht an ein Geschlecht gebunden.
Es ist ein inneres Prinzip.
Ein Weg des Herzens.
Ein Weg des Mitgefühls.
Ein Weg, der Wahrheit nicht verteidigt,
sondern verkörpert.

### Was es dir heute sagen würde

*„Sei weich und bleibe klar.*
*Sei tief und trau dich zu fühlen.*
*Erkenne:*
*nicht das Lauteste ist das Wahre.*
*Manchmal ist das Flüstern das,*
*was dich wirklich erinnert."*

**Das Weibliche wurde nicht zerstört.**
**Es wurde verschüttet,**
**aber nie ausgelöscht.**

# Kapitel 48: Warum Jesus keine Religion wollte

## Sondern Erkenntnis

*Stell dir vor ...*
ein Mensch steht auf einem Hügel.

Er blickt auf eine Menge,
nicht als Anführer, sondern als Spiegel.
Er spricht keine Glaubensbekenntnisse.
Er verlangt keinen Tempelbau.
Er legt keine Satzung fest.

Er sagt:

**„Das Königreich Gottes ist in euch."**

**Der ursprüngliche Ruf lautete: *„Werde, wer du bist!"***

Jesus kam nicht, um eine neue Religion zu gründen.
Er kam, um einen alten Weg in Erinnerung zu rufen:
den Weg der Rückverbindung –
zwischen Mensch und Quelle,
zwischen Seele und Licht,
zwischen Innen und Außen.

Er spricht in Gleichnissen,
weil Wahrheit kein Konzept ist –
sondern eine Erfahrung.

Er heilt nicht, um Macht zu zeigen,
sondern um zu sagen:

*„Auch du kannst. Wenn du glaubst."*

**Erkenntnis statt Gehorsam**

Er ruft nicht zum blinden Glauben auf,
sondern zum wachen Erkennen.

> *„Wer Ohren hat, der höre."*
> *„Wenn ihr euch selbst erkennt,*

*werdet ihr erkannt werden."*
*„Der Geist ist es, der lebendig macht –*
*das Fleisch nützt nichts."*

Jesus' Worte rufen nicht zu einem System auf,
sondern zur inneren Bewegung.
Gnosis – Erkenntnis – ist der Schlüsselbegriff.
Nicht als esoterisches Wissen,
sondern als lebendige Wahrheit,
die sich im Innersten offenbart.

**Warum war das gefährlich?**

Ein Mensch, der erkennt,
braucht keinen Vermittler.
Keine Opfer.
Keine Institution.

Ein Mensch, der erwacht,
ist nicht mehr kontrollierbar.
Nicht mehr manipulierbar.
Nicht mehr formbar durch Angst.

Darum wurde Jesus religiös vereinnahmt –
um ihn ungefährlich zu machen.
Ein Symbol am Kreuz ist leichter zu kontrollieren
als eine Stimme,
die dich aufruft, **dich selbst zu erinnern.**

**Christus als Bewusstsein**

Was, wäre wenn Christus kein Name war,
sondern ein Zustand?

Ein lebendiger Ausdruck des Göttlichen im Menschen?
Dann ist Nachfolge nicht Anbetung,
sondern Verwirklichung.
Nicht *„Jesus glauben"* –
sondern **Christus leben.**

> *„Ihr seid das Licht der Welt."*
> *„Noch Größeres werdet ihr tun."*
> *„Ihr seid Götter –*
> *und ihr habt es vergessen."*

**Was Jesus uns heute sagen würde**

> *„Folge nicht nur mir –*
> *folge dem, was ich in dir berührt habe.*
> *Baue keinen Altar um meine Worte.*
> *Werde selbst zu einem Ort,*
> *an dem Gott spricht."*

**Er kam nicht, um Religion zu stiften.**
**Er kam, um das Feuer in dir zu entzünden.**
Und Feuer fragt nicht nach Erlaubnis.

# Kapitel 49: Die Kraft des Erinnerns

**Warum du nie getrennt warst**

*Stell dir vor …*
du wachst auf –

nicht in einem neuen Raum,
sondern in einem alten Wissen.
Kein Licht bricht ein,
weil es nie fort war.
Es war nur verschüttet –
unter Lärm, Glauben, Angst und Rollen,
die dir nicht gehören.

Erinnern ist nicht dasselbe wie Wissen.
Erinnern ist leiser.
Tiefer.
Uralter.
Es geschieht nicht im Kopf.
Es geschieht im Herzen.

**Du bist nicht gefallen – du hast vergessen**

Alle großen spirituellen Texte sprechen davon,
dass der Mensch „gefallen" sei.
Aber was, wenn das Fallen kein Strafakt war,
sondern ein Weg zur Erfahrung?

Was wäre, wenn das Paradies nicht verloren wäre –
sondern verborgen?
Und was, wenn der „Engel mit dem flammenden Schwert"
nicht dein Feind ist,
sondern dein Bewusstsein,
das sagt:

> *„Du kommst nur zurück, wenn du bereit bist."*

Bereit, zu erkennen, wer du bist.
Bereit, Verantwortung zu übernehmen für dein Licht.
Bereit, dich zu erinnern.

## Erinnerung ist der sanfte Widerstand

Sie ist der Moment,
in dem du im Trubel plötzlich innehältst.
In dem du spürst:
Da ist mehr.
Mehr als Systeme.
Mehr als Meinungen.
Mehr als das, was dir beigebracht wurde.

Erinnerung ist der heilige Moment,
in dem du dich nicht überwindest,
sondern **findest.**

## Du warst nie getrennt

Die größte Illusion ist die Trennung:
von Gott.
Vom Licht.
Von anderen.
Von dir selbst.

Und doch –
das Licht, das dich berührt,
kommt nicht von außen.
Es **wird in dir erkannt.**

> *„Der Vater und ich sind eins."*
> *„Das Reich Gottes ist inwendig in euch."*

**Erinnere dich:**

Du bist nicht hier, um perfekt zu sein.
Du bist hier, um **ganz** zu werden.

Nicht, um etwas Neues zu lernen,
sondern um dich zu erinnern.
An das, was in dir war,
bevor man dir sagte, wer du sein sollst.

Erinnerung ist kein Rückschritt.
Sie ist eine Rückverbindung.

**Was dir die apokryphen Schriften sagen wollen**

Nicht: Glaube dies.
Nicht: Fürchte das.
Sondern:
**Erinnere dich.**

Nicht, weil du falsch bist.
Sondern, weil du vergessen hast,
dass du **göttlich** bist.

# Kapitel 50: Der neue Mensch – was nach der Erinnerung kommt

*Stell dir vor ...*
du wachst nicht nur auf –
du **stehst auf**.
Nicht als der, der du warst.
Sondern als der, der du schon immer bist:
Ein Mensch mit Wurzeln im Licht
und Füßen auf der Erde.

Denn Erinnerung ist nicht das Ende.
Sie ist der Beginn.
Der neue Mensch ist kein anderer Mensch –
er ist der **erinnerte Mensch.**
Bewusst. Offen. Wahrhaftig.
Kein Übermensch –
sondern ein **ganzer** Mensch.

**Was macht ihn „neu"?**
Er trägt noch dieselbe Haut.
Hat dieselben Fragen.
Lebt im selben Alltag.
Und doch ist etwas anders.

Sein Inneres ist nicht mehr beherrscht
vom alten Lied der Angst.

Nicht mehr: „Ich bin nicht genug."
Nicht mehr: „Ich muss leisten, gehorchen und verdienen."
Sondern:

*„Ich bin."*

Der neue Mensch handelt nicht aus Pflicht.
Er liebt aus Freiheit.
Er glaubt nicht, um erlöst zu werden –
er erkennt, dass Erlösung
bereits **geschieht,**
wenn er liebt, vergibt und heilt.

## Der neue Mensch baut keine Mauern – er wird zum Raum

Er streitet nicht für das Licht.
Er **ist** das Licht.

Er muss nichts bekämpfen –
weil er weiß:
Wahrheit wirkt leiser, aber tiefer
als jede Ideologie.

Er missioniert nicht.
Er erinnert.

Er richtet nicht.
Er **sieht**.

Er gehorcht nicht der Angst –
sondern folgt der inneren Stimme,
auch wenn sie flüstert
und alle anderen schreien.

## Was aus dem Erinnern wächst, ist Mut

Mut, sanft zu sein.
Mut, zu verzeihen.
Mut, mit leeren Händen dazustehen –
ohne Maske, ohne Etikett und ohne Schuld.

Der neue Mensch braucht keine Macht.
Er **lebt** Wahrheit –
nicht als Waffe, sondern als Einladung.

Er beginnt nicht im Großen.
Er beginnt in der Küche.
Im Gespräch.

Im Schweigen.
Im Blick.

**Der neue Mensch ist ein stiller Revolutionär**

Er geht nicht mit der Welt in den Krieg –
er geht mit sich selbst in den Frieden.

Er erkennt:
Die Transformation beginnt nicht,
wenn Systeme stürzen.
Sie beginnt,
wenn ein Herz erwacht.

**Und wenn du jetzt spürst:**

> *„Ich kenne das. Ich bin auf dem Weg."*

Dann weißt du:
Du bist nicht allein.

Denn der neue Mensch
ist nicht nur ein Einzelner.
Er ist eine Bewegung.
Ein Erinnern.
Es atmet sich durch uns alle hindurch.

**Was kommt nach der Erinnerung?**

Das Leben.
Echt. Verbunden und Offen.
Nicht als Ideal,
sondern als tägliche Praxis des Herzens.

Der neue Mensch weiß:
Der Himmel beginnt
nicht nach dem Tod,
sondern **nach dem Erwachen.**

## Kapitel 51: Was kommt jetzt? – Wege in die neue Zeit

Die Erinnerung ist erwacht.
Die Schleier haben sich gelichtet.
Du hast erkannt:
Du bist mehr als ein Suchender.
Du bist ein **Erinnernder.**
Ein Mensch auf dem Rückweg zu sich selbst.

Doch was folgt aus all dem?
Was bedeutet es **konkret,**
wenn du mit diesem Licht weitergehst?

### 1. Weg der Einfachheit

Du musst nicht alles wissen.
Du musst nicht heilig wirken.
Du musst nicht perfekt sein.

Du darfst klein anfangen.
Still. Im Alltag.
Bewusst leben –
heißt nicht, große Reden zu halten,
sondern kleine Taten mit großer Seele zu tun.

Ein Blick.
Ein Danke.

Ein Nein, das aus Liebe kommt.
Ein Ja, das aus Mut geboren ist.

## 2. Weg der Stille

In einer Welt, die immer lauter wird,
wird das Schweigen zu einem Heilraum.
Nicht das passive Wegsehen,
sondern das aktive Lauschen.

Stille ist nicht Rückzug.
Stille ist Widerstand gegen das Zuviel.
Sie ist die Tür, durch die du die leise Stimme hörst,
die dich nie verlassen hat.

> *„Sei still – und erkenne: Ich bin."*
> *(Psalm 46,11)*

## 3. Weg der Verbindung

Du bist nicht allein auf diesem Weg.
Es gibt andere – nicht viele,
aber sie brennen wie du.

Suche sie nicht in äußeren Strukturen.
Finde sie in der Tiefe von Gesprächen,
in der Resonanz der Herzen.
Gemeinschaft entsteht nicht durch Form,
sondern durch Wahrhaftigkeit.

## 4. Weg der Verkörperung

Wissen ohne Handlung ist wie Licht unter dem Eimer.
Jetzt ist die Zeit,
das Erkannte zu leben.

Verkörperung heißt:
Gnade im Körper.
Wahrheit im Blick.
Frieden in der Stimme.

Sprich weniger über Licht –
werde selbst zum Raum,
in dem andere sich erinnern können.

## 5. Weg der Unterscheidung

Nicht jede Botschaft, die nach Licht klingt,
kommt aus dem Licht.

Du brauchst jetzt
die Gabe der Unterscheidung:
Was nährt das Herz?
Was nährt nur das Ego?

Der neue Weg fordert Klarheit –
nicht im Urteil,
sondern in der inneren Ausrichtung.

## 6. Weg der Geduld

Wandel braucht Zeit.
Innere Umformung geschieht wie Jahreszeiten –
unsichtbar, organisch und  unverhandelbar.

Erwarte keinen Applaus.
Erwarte keine Abkürzung.
Erwarte Tiefe –
und du wirst Wunder erleben,
die kein Augenpaar jemals sieht,
aber jede Seele spürt.

## 7. Weg der Hoffnung

Dieser Weg ist nicht düster.
Auch wenn er durch Schatten führt,
endet er im Licht.

Der neue Mensch wird nicht geboren,
um zu fliehen,
sondern um zu heilen.

Diese Welt braucht dich.
Nicht irgendwann.
**Jetzt.**

**Und was kommt danach?**

Du wirst es nicht in Büchern finden.
Nicht in alten oder neuen Dogmen.
Sondern in dir selbst.
Im nächsten Schritt.
Im offenen Herzen.
Im Mut, deinen Weg zu gehen –
auch wenn ihn keiner sieht.

Denn wer wirklich geht,
braucht keinen Beweis.
Nur Vertrauen.

**Das Licht kennt den Weg.**
Und du bist nicht verloren.
Du bist zurückgerufen.

## Kapitel 52: Der Raum jenseits der Worte – ein stilles Kapitel

Es gibt Momente,
in denen Worte verstummen müssen,
weil sie dem nicht mehr gerecht werden,
was das Herz längst erkannt hat.

Du hast gelesen.
Gefühlt.
Erinnert.

Nun geht es aber nicht mehr um neue Gedanken.
Es geht um Raum.
Einen inneren Raum,
in dem alles zusammenfließt.

Setz dich hin.
Nicht als Leser.
Nicht als Schüler.
Nicht als Suchender.

Sondern als das, was du bist:
Ein Wesen des Lichts,
das sich selbst erkennt –
Schicht für Schicht,
Schmerz für Schmerz,
Liebe für Liebe.

*Stell dir vor*:

Ein stiller Tempel.
Kein Altar.
Kein Bildnis.
Nur Licht.

Du stehst in diesem Raum.
Die Stimmen der Vergangenheit sind verklungen.
Die Fragen sind nicht beantwortet –
aber sie brennen nicht mehr.

Du brauchst jetzt keine Beweise mehr.
Keine Erklärungen.
Denn du hast begonnen zu **wissen** –
nicht mit dem Kopf,
sondern mit deiner Seele.

> **"Die Wahrheit wohnt nicht im Lauten.
> Sie lebt in dem, der still genug wird,
> sie zu empfangen."**

**Kapitel 52 ist kein Text zum Festhalten.**
Es ist eine Einladung zum **Loslassen**:

- Lass die alten Bilder von dir los.
- Lass die Angst los, noch etwas verstehen zu müssen.
- Lass auch das Licht los –
  damit es von selbst zurückkehrt.

Wenn du hier angekommen bist,
bist du bereit für das Eigentliche.

Nicht für ein neues Kapitel im Buch,
sondern für das,
was kein Buch je ganz beschreiben kann:
**Deine Rückkehr zu dir selbst.**

Vielleicht legst du das Buch jetzt zur Seite.
Oder du hältst es fester.
Beides ist gut.
Beides ist wahr.
Denn der Weg ist nicht mehr vor dir.

Er **ist** in dir.
Und du gehst ihn –
mit jedem Atemzug
im Wissen,
dass du ihn nie verloren hast.

**Willkommen in deinem inneren Heiligtum.**
Kapitel 52 ist nicht das Ende.
Es ist die Schwelle.
Der Anfang deines eigenen Evangeliums.

# Teil 3 – Rückkehr des Lichts: Wie sich das alte Wissen neu entfaltet

Es genügt nicht, nur zu wissen.
Die wahre Reise beginnt erst, wenn Wissen zum Leben
wird. Teil 3 ist keine Fortsetzung, sondern die Verwandlung.
Jetzt werden Erinnerung zur Handlung, Glaube zum Vertrauen und Erkenntnis zur inneren Revolution.
Hier geht es nicht mehr nur um Henoch, Maria oder Ba-

ruch.

Es geht um dich.

- Was bedeutet der Christusweg jenseits der Dogmen?
- Wie kehrt das weibliche Prinzip in deine Haltung zurück – und nicht nur in Theorien?
- Was bedeutet es, Erinnerung als Gnade zu begreifen?
- Und warum ist gerade **dein Platz** Teil eines größeren Projekts?

Teil 3 ist der Ruf nach Anwendung. Nach Integrität. Nach echter Transformation.

Denn das Licht kehrt nicht nur zurück –
es bricht aus dir hervor.

Wenn du bereit bist.

## Kapitel 53: Erinnerung ist Gnade – Der neue Blick auf alte Texte

*Ein Tor vom Wissen zur Weisheit. Von der Schrift zur Seele.*

*Stell dir vor ...*
du schlägst ein altes Buch auf – und plötzlich liest dich der Text.
Nicht mit dem Verstand, sondern mit dem Herzen.
Nicht, weil du suchst, sondern weil du bereit bist, dich zu erinnern.

Viele dieser alten Schriften – Henoch, Maria Magdalena und Thomas – wurden lange wie historische Fundstücke behandelt.
Analyse. Kontext. Herkunft. Kritik.

Und doch beginnt ihre eigentliche Kraft nicht im Verstehen, sondern im Erinnern.

Erinnerung ist Gnade.
Denn sie hebt den Schleier zwischen dem, was war – und dem, was ewig ist. Zwischen Buchstabe und Bedeutung. Zwischen Lehre und Leben.

Diese Texte offenbaren sich nicht jedem gleich.

Wer sie nur mit dem Kopf liest, wird kluge Dinge erkennen. Wer sie jedoch mit dem Herzen liest, wird sich selbst erkennen.

Die alten Worte beginnen zu leuchten, wenn du aufhörst, sie zu beurteilen.
Sie entfalten ihre Wirkung, wenn du ihnen erlaubst, dich zu berühren.
Denn Wahrheit ist keine Information.
Wahrheit ist ein Zustand. Eine innere Frequenz.

Du brauchst kein Studium, um die Essenz zu erfassen.
Du brauchst nur die Bereitschaft, still zu werden.
Und die Demut, zu erkennen: Die Wahrheit spricht oft nicht laut.

Aber sie spricht.
Und wenn sie spricht, geschieht etwas in dir, das kein Argument je erreichen kann.

**Was bedeutet dieser neue Blick auf alte Texte?**

Es ist wie der Unterschied zwischen einem Gemälde und der Farbe, mit der es gemalt wurde.
Worte sind lediglich das Gefäß.
Erkenntnis ist der Strom, der hindurchfließt.

Und so kann ein einziger Satz –

> **„Wenn du dich erkennst, wirst du erkannt werden."**

– mehr verändern als tausend Bücher.

Die Schriften dieser Sammlung sind keine Museumsexponate.

Sie sind lebendige Spiegel.
Und manchmal – in einem stillen Moment – sprechen sie nicht von früher,
sondern von dir.

Jetzt.

Hier.

Wenn das geschieht, dann weißt du:
Erinnerung ist kein Zurück.
Erinnerung ist der Weg nach Hause.

## Kapitel 54: Wenn Erinnerung mehr ist als Wissen

*Stell dir vor ...*
nicht neue Lehren verändern die Welt, sondern das Wiederentdecken alter Wahrheiten.

Nicht die Suche nach dem Neuen, sondern das Erkennen im Bekannten.

Denn das Licht, das du suchst, war nie verschwunden.
Es war nur verdeckt. Vom Lärm der Welt. Von Angst. Vom Vergessen.

Die alten Schriften, denen du in diesem Buch begegnet bist,
sind keine Literatur.
Sie sind **Lebensspuren. Seelenspuren.**
Bruchstücke eines göttlichen Gesprächs, das nie aufgehört hat,
das wir aber verlernt haben zu hören.

Doch jetzt beginnt etwas Neues:
Nicht, weil sich die Texte ändern, sondern weil **du** dich verändert hast.
Du liest sie nicht mehr nur mit dem Verstand.
Du liest sie mit deinem inneren Licht.

> *„Wenn das Auge klar ist,*
> *dann ist der ganze Körper voll Licht."*
> *(Jesus, Matthäus 6,22)*

Jetzt erkennst du:

- Die Henoch-Visionen – sie sind nicht fern.
- Die Worte Marias – sie sind Erinnerung.
- Die Weisheit Salomos – sie lebt in deiner Tiefe.
- Du bist kein Konsument von Wissen.

- Du bist ein Träger des Lichts.
- Du bist nicht hier, um Texte zu bewerten.
- Du bist hier, um dich **zu erinnern**.

Denn jede echte Erinnerung ist ein Lichtfunke.
Wenn sich viele Funken verbinden,
beginnt das Feuer zu brennen.
Nicht zerstörend, sondern **heilend**.

Dies ist die stille Revolution:
Nicht gegen etwas, sondern für etwas.
Für Wahrheit. Für Freiheit. Für innere Würde.

Das Licht kehrt nicht zurück, weil es neu geboren wird.
Es kehrt zurück, weil **du** es wieder siehst.
Weil du endlich den Mut hast,
nicht mehr wegzuschauen.

Weil dein Herz dir sagt:

**Jetzt ist die Zeit.**

# Kapitel 55: Die Rückkehr des weiblichen Prinzips

## Wenn Heilung durch Erinnerung geschieht

*Stell dir vor ...*
das Göttliche war nie männlich oder weiblich.
Es war immer **ganz**.
Doch die Welt hat diese Ganzheit vergessen.

Im Streben nach Macht wurde das Weibliche verdrängt.
Nicht die Frau allein, sondern das Prinzip:

Empfänglichkeit. Tiefe. Stille. Intuition.
Hingabe ohne Unterwerfung. Weisheit ohne Lautstärke.

Maria Magdalena wurde zur Sünderin gemacht.
Sophia – die göttliche Weisheit – wurde zum Schweigen gebracht.
Die Prophetinnen verschwanden aus den Chroniken.

Doch sie waren nie weg.
Sie warteten. Im Inneren.
Wie Samenkörner unter der Erde.
Wie Stimmen im Wind.
Wie Licht in der Nacht.

> *"Und Maria antwortete und sprach: Ich habe ihn in einer Vision gesehen..."*
> (Evangelium der Maria, Fragment)

Heute beginnt ihre Rückkehr.
Nicht als religiöse Bewegung. Und auch nicht als feministische Geste.
Sondern als **Erinnerung**.
Denn die Menschheit hungert nicht nach Informationen, sondern nach **Ganzheit**.

Das Weibliche bringt keine neuen Dogmen.
Es bringt ein neues **Fühlen**.
Es heilt nicht durch Regeln, sondern durch Verbindung.
Es kämpft nicht, sondern **erinnert**.

Erinnert dich daran, dass deine Intuition nicht verrückt ist.
Dass dein Mitgefühl kein Makel ist.
Dass deine Tränen heiliger sind als alle Systeme.

Es ist das Prinzip, das lauscht, bevor es spricht.
Das empfängt, bevor es formt.
Das vertraut – auch wenn es nichts beweisen kann.

Wenn du dem weiblichen Prinzip wieder Raum gibst,
wird dein Weg weich – aber nicht schwach.
Klar – aber nicht hart.
Tief – aber nicht verworren.

Maria. Sophia. Die innere Stimme.
Sie alle kehren nicht zurück,
sie **erheben sich**
in dir.

Denn es war nie *„der Mann"*, der unterdrückte.
Es war das **Unbewusste**, das das Gleichgewicht verlor.

Jetzt ist die Zeit, das Gleichgewicht zurückzurufen.
Und das geschieht nicht zuerst in der Welt da draußen,
sondern **in dir selbst**.

- Wo du weich wirst, ohne zu zerbrechen.
- Wo du empfängst, ohne zu schweigen.
- Wo du gehst, nicht um zu kämpfen,
  sondern um **zu erinnern**,
  was nie verloren war.

# Die zwölf Projekte – und warum du Teil davon bist

## Du bist kein Beobachter. Du bist der Wandel.

*Stell dir vor ...*
die Welt, so wie sie heute ist, ist nicht das Ende.
Sondern der Anfang.
Ein Übergang.
Ein Zwischenzustand, bevor etwas Neues erwacht.

- Nicht durch Institutionen.
- Nicht durch Wahlen.
- Nicht durch laute Revolutionen.

Sondern durch Menschen.
Einzeln. Still. Klar.
Wie Kerzen, die beginnen zu leuchten.
Nicht, weil sie es müssen,
sondern **weil sie nicht anders können.**

Veränderung beginnt dort,
wo du dich erinnerst, wer du bist.

- Du bist nicht hier, um zu konsumieren.
- Du bist hier, um **zu erinnern.**
- Dich. Andere. Die Welt.

Und deshalb ist dieses Buch mehr als nur ein Text.
Es ist ein **Tor.**
Ein Ruf.
Ein Anstoß für die zwölf Projekte,

die sich **nicht auf Papier,**
sondern im echten Leben entfalten.

## Die zwölf Projekte der stillen Revolution

### Das innere Erwachen

Tägliche Verbindung mit deiner Quelle. Meditation. Stille. Wahrhaftigkeit.

### Heilige Kommunikation

Worte, die nicht trennen, sondern verbinden. Zuhören, das heilt.

### Wiederentdeckung des Weiblichen

In dir, in Beziehungen, in Systemen. Sanftheit als Stärke.

### Verbindung zur Erde

Leben in Rhythmus mit den Zyklen. Ernährung. Respekt. Kreislauf statt Ausbeutung.

### Gemeinschaft statt Konkurrenz

Kleine Netzwerke des Vertrauens. Qualität statt Quantität.

### Schöpfung statt Konsum

Was erschaffst du? Was bringst du in die Welt – mit deinen Händen, Worten, Gaben?

### Erinnerung an das Heilige

Rituale, die dich nicht binden, sondern befreien. Das Göttliche im Alltag.

### Neue Bildung

Lernen aus der Seele. Weisheit statt Wissen. Entfaltung statt Normierung.

**Wirtschaft mit Herz**

Geben, das nicht rechnet. Werte, die nicht im Preis stehen.

**Heilung durch Wahrheit**

Schattenarbeit. Klarheit. Aufrichtung. Sanft und radikal zugleich.

**Stille Rebellion**

Du folgst nicht blind. Du gehorchst nicht der Angst. Du gehst den Weg der inneren Freiheit.

**Das Licht weitergeben**

Nicht durch Mission. Sondern durch Präsenz. Durch dein Sein.

> **Du musst nicht alles auf einmal tun.**
> **Du musst nicht perfekt sein.**
> **Du musst nicht schneller als andere sein.**

Du musst nur **beginnen**.
Beginnen, deiner inneren Wahrheit Raum zu geben.
Jeden Tag ein wenig mehr.

Denn die Revolution, von der hier die Rede ist,
findet nicht im Außen statt.
Sie beginnt in **dir**.

Und sie wird sichtbar
in deinem Blick,
deinem Tonfall,
deiner Haltung.

**Du bist nicht zu klein.**
**Du bist nicht zu spät.**
**Du bist genau richtig.**

Denn vielleicht ...
bist **du** eines dieser zwölf Projekte.

Und alles, was du jetzt tust,
ist nicht der Anfang der Veränderung.

Es **ist** die Veränderung.

## Einladung zur inneren Revolution

**Nicht die Welt muss sich drehen. Du musst dich erinnern.**

Du wartest auf ein Zeichen?
Vielleicht ist **dieses Buch** dein Zeichen.
Nicht, weil es besonders ist,
sondern weil **du bereit bist.**

Die große Revolution, die alle erwarten,
kommt nicht mit Trommeln und Fahnen.
Sie kommt mit einer Frage:

| |
|---|
| **Wem gehorchst du –** |
| **Angst oder Wahrheit?** |

Die Welt da draußen mag laut sein.
Aber die wahre Macht liegt im **Leisen.**

In jenem Augenblick,
in dem du beschließt, dich **nicht mehr zu verraten**.
Nicht, weil du perfekt bist,
sondern weil du **ganz** bist.
Mit deinen Zweifeln. Deiner Sanftheit. Deiner Klarheit.

Die innere Revolution ist kein Kampf.
Sie ist ein Wiederfinden.

Ein Wiederfinden deiner Stimme.
Deines Herzens.
Deines göttlichen Kerns.

Du musst nicht kämpfen.
Du musst dich **erinnern**.

Dass du frei bist.
Dass du Licht bist.
Dass du Teil bist – nicht getrennt.

Diese Revolution braucht keine Führer.
Sie braucht dich.

Dich – in deiner Echtheit.
Dich – in deinem Wandel.
Dich – als Mensch, der die Lüge durchschaut
und das Licht **nicht mehr leugnet**.

Was ist diese innere Revolution?

- Es ist der Moment, in dem du beginnst, der Stille
  mehr zu glauben als dem Lärm.
- Der Moment, in dem du deine Angst nicht be-
  kämpfst, sondern umarmst.

- Der Moment, in dem du dein Licht nicht mehr zu-
rückhältst – aus Rücksicht auf die Dunkelheit anderer.

Diese Revolution geschieht in jedem Atemzug,
den du **bewusst atmest.**

In jedem Blick, der **nicht urteilt.**
In jeder Entscheidung, die **nicht konditioniert,**
sondern inspiriert ist.

Und so endet dieses Kapitel
nicht mit einem Punkt,
sondern mit einer offenen Tür.

**Die Tür zu dir.**
Zu deinem Licht.
Zu deiner Erinnerung.

Denn wenn du bereit bist,
nicht mehr zu vergessen, wer du bist,
dann bist du die stille Revolution.

Und du bist nicht allein.
Du warst es nie.

# Teil 4 – Die Tore zur Tiefe

*Ein Blick in die verborgenen Schriften – für alle, die tiefer
eintauchen möchten*

**Einleitung:**

Stell dir ein altes Haus vor. In jedem Raum ein anderes
Licht, eine andere Stimme. Du bist hindurchgegangen –

durch Maria, Henoch, Thomas, Salomo ... durch Worte, die dich an etwas erinnert haben.

Jetzt stehst du an einer Tür.

Es gibt keinen Zwang, sie zu öffnen.

Es ist nur eine Einladung.

Diese Texte, in die du nun eintauchen kannst, sind nicht leicht. Sie sind roh, vielschichtig und voller Bilder, Wiederholungen und Rätsel.

Nicht, weil sie unklar wären, sondern weil sie Tiefe tragen.

Der Weg dorthin war nötig:

Erst kam die Inspiration,
dann die Erkenntnis
und schließlich die Entscheidung.

**Teil 4 ist ein Raum der Entscheidung.**

Du darfst verweilen. Oder du gehst weiter.

Was du hier findest, ist mehr als nur Information. Es ist eine Vorbereitung auf die Begegnung mit dem Ursprünglichen.

Diese Sammlung apokrypher Texte stellt verlorene und verborgene Weisheiten ins Licht, die einst aus den heiligen Kanons entfernt oder nie aufgenommen wurden. Sie erzählen nicht nur Geschichten, sondern bergen auch den Schlüssel zur Erinnerung, zum inneren Erwachen, und zur Rückverbindung mit dem Göttlichen in uns.

Jeder dieser Texte ruft uns zu: *„Vergiss nicht, wer du bist!"* Nicht nur die Worte, sondern auch das Licht dahinter will erinnert werden. So kehrt das Verborgene ins Bewusstsein zurück – still, machtvoll und lebendig.

Nicht jedem liegt es, sich mit vollständigen antiken Schriften zu beschäftigen.

Aber für jene, die sich gerufen fühlen – öffnet sich hier ein neues Tor.

> *„Wenn du den Ruf in dir spürst, noch tiefer zu lesen – nicht um zu wissen, sondern um zu erinnern – findest du die vollständigen Originaltexte gesammelt im zweiten Band dieses Werkes."*

Der vollständige Text befindet sich jeweils im Begleitband (Band 2).

Er trägt den Titel: **Die verborgenen Schriften – Die Originaltexte zum Erwachen.**

**Aufbau von Teil 4 – Was erwartet dich?**

Zu jeder der acht Schriften findest du zwei Bestandteile:

- Ein poetisches „Drehbuch" – ein imaginärer, geistiger Zugang zu einem theoretischen Kurzfilm. Wie ein innerer Film – für Herz und Seele.

- Eine kompakte Inhaltsangabe, die dir den historischen und geistigen Kontext des Originaltextes nahebringt.

Klar und verständlich in wenigen Worten – zur Orientierung.

Danach bist du frei.

Möchtest du tiefer?

# Henoch – Der Prophet vor der Sintflut

## Imaginäres Drehbuch: "Die Vision des Henoch – Die älteste Offenbarung Gottes"

Format: Drehbuch für ein spirituelles, imaginäres Video

*Dies ist kein historischer Text – sondern eine seelische Einladung, Henoch mit dem Herzen zu begegnen.*

*Es gibt Offenbarungen, die vergessen wurden.*
*Und doch leben sie weiter –*
*in den Tiefen unserer Seele, im Wind der Erinnerung.*

*Eine davon ist die Vision des Henoch.*
*Sie ist nicht neu. Sie ist uralt.*
*Vielleicht die älteste Botschaft Gottes an die Menschheit.*

*Und heute – in dieser Zeit – beginnt sie wieder zu sprechen.*

### Teil 1: Die Berufung des Henoch

**„Und es geschah, dass Henoch wandelte mit Gott, und Gott nahm ihn hinweg."** (Genesis 5,24)

Henoch – einer der ersten Propheten.
Entrückt vor der Sintflut, weil sein Herz rein war.
Ein Mensch wie du und ich –
doch durchlässiger für das Licht.

*„Seine Augen sahen die Dinge hinter den Dingen.*
*Die Schleier fielen vor seinem inneren Blick."*

**Zitat aus dem Buch Henoch:**

*„Und ich sah die Himmel geöffnet,*
*und ich wurde hinweggenommen in das Haus der Herrlich-*
*keit, wo das Licht nicht vergeht."*

**Teil 2: Die Vision des Himmels**

Henoch sieht Throne und Engelwesen.
Das Buch des Lebens,
und die göttliche Ordnung jenseits der Zeit.

*„Er wurde erhoben – nicht um zu fliehen,*
*sondern um zu sehen."*

*„Was er sah, war kein Himmel aus Wolken,*
*sondern eine Ordnung aus Licht.*
*Und mitten darin: die Wahrheit."*

**Zitat:**

*„Und ich sah Myriaden von Engeln,*
*jeder an seinem Platz,*
*in unerschütterlicher Harmonie."*

*„Henoch erkannte: Alles hat Sinn –*
*auch das Dunkel, auch das Leiden.*
*Es ist eingebettet in einen größeren Plan."*

## Teil 3: Die Botschaft für die Menschheit

**Zitat:**

*„Wehe euch, die ihr die Gerechten unterdrückt –
ihre Rufe steigen auf bis vor den Thron Gottes."*

Henoch war kein Schreckensprophet –
seine Vision war Mahnung, ja –
aber vor allem: **Erinnerung**
an das Licht in uns.

**Zitat:**

> *„Doch die Gerechten werden leben,
> und ihr Licht wird leuchten wie die Sonne."*

## Teil 4: Die Rückkehr des Lichts

Und jetzt?
Warum klingt Henochs Stimme
aus der Tiefe der Zeiten erneut?

*Weil die Zeit reif ist.*
*Weil der Ruf laut geworden ist.*
*Weil die Menschheit am Wendepunkt steht.*

**Zitat:**

> *„Ich spreche zu dir.*
> *Sei still.*
> *Wisse:*
> *Ich bin Gott."*

## Schluss

*Vielleicht sind wir hier, um uns zu erinnern.*
*Vielleicht bist du hier,*
*weil du zu den wenigen gehörst, die noch hören können.*

*Dann nimm diese Botschaft in dein Herz.*
*Und sei der Lichtträger, den die Welt jetzt braucht.*

**Fazit:**
**Henochs Vision ist aktueller denn je.**
Denn das Licht geht nicht unter.
Es kehrt zurück –
in die Herzen derer,
die bereit sind, zu hören.

# Inhaltsangabe Einleitung:

### Henoch – Der Prophet vor der Sintflut

*Inhalt und Ursprung*: Das Buch Henoch ist ein apokalyptischer Text jüdischen Ursprungs aus dem 3. Jahrhundert v. Chr., der in äthiopischer Sprache überliefert ist. Es beschreibt die Himmelsreisen des Henoch, seine Beobachtungen gefallener Engel (Wächter) sowie kosmische Geheimnisse.

*Kernaussage*: Henoch verkündet das göttliche Gericht über die gefallenen Engel und offenbart eine Vision der göttlichen Ordnung, die alles durchdringt.

*Besonderheit*: Es enthält kosmologische Modelle, die Kalenderlehre, Engelsordnungen und esoterische Zeitzyklen.

*Parallelen*: Verwandt mit Offenbarungstexten wie der Offenbarung des Daniel, der Apokalypse des Abraham und den Qumran-Schriften.

*Historische Relevanz*: Es wurde im Frühjudentum sehr geschätzt, später jedoch aus dem Kanon verbannt. In Äthiopien ist es bis heute heilige Schrift.

**Inhaltsangabe Hauptteil:**

*Stell dir vor ...*
ein Mensch – weder König noch Krieger noch Priester – steigt in den Himmel hinauf. Nicht aus Macht, sondern weil er würdig ist, weil sein Herz reines Licht trägt. Sein Name ist **Henoch**.

Ein Urahn. Er ist ein Brückenwesen zwischen Himmel und Erde.

Henoch lebte vor der großen Flut, in einer Zeit, in der Göttersöhne auf die Erde stiegen und mit Menschentöchtern Kinder zeugten – Riesen, die das Gleichgewicht der Welt erschütterten. Diese gefallenen Engel, auch *Wächter* genannt, brachten sowohl Wissen als auch Zerstörung. Und Henoch wurde erwählt, das himmlische Urteil über sie zu übermitteln.

In 100 Kapiteln beschreibt er, was er gesehen hat – nicht als Chronist, sondern als **Augenzeuge des Unsichtbaren**. Von Engeln durch Himmelssphären geführt, sieht er die Kammern des Windes, die Bahnen der Sonne, das Buch des Lebens, den Ort des Gerichts und das Kommen des Messias.

*„Und er hob mich empor zu einem Ort, an dem diejenigen wohnen, die ewig gerecht sind..."*

Henoch war der Erste, der erkannte: **Alles hat seine Ordnung.** Kosmische Ordnung. Zeit ist nicht linear, sondern ein göttlicher Rhythmus. Die 364 Tage des himmlischen Kalenders entsprechen dem göttlichen Maß und nicht dem von Menschen gemachten.

Seine Visionen sind gewaltig, aber niemals zynisch. Sie sind **Warnung und Trost zugleich.** Das Gericht kommt, ja, aber immer als Reinigung, nie aus Hass.
Die Gerechtigkeit Gottes ist das Licht, das alles durchdringt.

*„Das Maß der Zeit ist erfüllt. Und siehe, der Menschensohn kommt, mit ihm die Gerechten und Erwählten."*

Und so steht Henoch – wie ein stiller Stern – zwischen den Welten.
Der erste Prophet. Der erste Aufgestiegene. Er ist der Erste, der uns erinnert:

*„Was du hier siehst, ist nicht Trennung. Es ist Erinnerung an das, was du nie verloren hast."*

**Was Henoch uns heute sagen würde:**
*„Lerne wieder zu schauen."*

Nicht mit den Augen, sondern mit dem inneren Licht.
Die Welt ist mehr als Nachrichten, Machtspiele und Angst.
Sie ist ein lebendiger, atmender Organismus – durchzogen
von Gerechtigkeit, Weisheit und Schönheit.

Wenn du bereit bist, wird Henoch dich – Zeile für Zeile –
durch die Tore der Himmel führen.

Nicht, um zu fliehen, sondern um dich daran zu erinnern,
wer du wirklich bist.

**Lies dieses Buch nicht wie einen Text.
Lies es wie eine Pforte.**

# Maria Magdalena – Das verlorene Licht

**Imaginäres Drehbuch – Einführung zur Stimme Maria
Magdalenas**

*„Dies ist kein historischer Text – sondern eine seelische
Einladung, Maria Magdalena mit dem Herzen zu begegnen."*

**Titel: *„Die Rückkehr der Stimme – Maria Magdalena und
das Evangelium des Herzens"***

**Format:** Drehbuch für ein spirituelles, imaginäres Video

*Es gibt Stimmen, die man nicht auslöschen kann.
Sie mögen aus Texten entfernt, aus Kirchen verbannt,
aus Chroniken gelöscht worden sein –
doch sie leben weiter im Wind der Erinnerung.*

*Maria Magdalena – die Vertraute Jesu, die Seherin, die Trägerin des inneren Wissens –*
*kehrt zurück.*
Nicht in Kampf,
sondern in **Licht, Wahrheit und Würde.**

## Teil 1 – Der Schatten der Vergessenheit

*„Sie haben uns unsere Stimme genommen."*

Maria Magdalena – über Jahrhunderte reduziert auf Etiketten:

- Hure, Büßerin und Randfigur.
- Aber das war nicht die Wahrheit.
- Die Wahrheit wurde verschwiegen – weil sie zu **mächtig,** zu **lichtvoll und** zu **gleichwürdig** war.

*„Doch eine Stimme, die aus dem Licht geboren wurde,*
*kann man nicht zum Schweigen bringen."*

## Teil 2 – Das Evangelium des Herzens

*„Was verborgen war, wird offenbar –*
*nicht mit Lärm,*
*sondern in Stille."*

Maria spricht nicht in Gleichnissen,
sondern **von innen nach innen.**
Ihr Evangelium ist keine Lehre –
es ist ein **inneres Gespräch** mit der Seele.

*„Wo ist dein wahres Selbst?*
*Im Licht – dort, wo kein Teil verloren geht."*

**Zitat:**

*„Der Sohn des Menschen ist in dir.*
*Folge ihm."*

## Teil 3 – Die Botschaft der freien Seele

*„Die Seele steigt auf – durch sieben Schleier.*
*Und jedes Mal legt sie ab, was nicht sie ist."*

Maria erzählt die Reise der Seele –
durch Furcht, Begierde, Urteil und Hass –
hin zum **innersten Lichtkern,**
wo nur noch Wahrheit ist.

**Zitat:**

**„Dort, wo das Auge ist –**
**dort ist das Licht.**
**Wenn du aber blind bist,**
**bleibst du im Schatten."**

*Dies ist kein Evangelium der Macht –*
*sondern der Freiheit.*

## Teil 4 – Die verborgene Lehrmeisterin

Petrus fragt:

*„Hat der Herr wirklich mit einer Frau gesprochen?"*

Maria antwortet **nicht mit Zorn,** sondern mit **Klarheit.**

Sie ist nicht *Anführerin* –
sie ist *Eingeweihte.*

> *„Was ich gehört habe,*
> *ist nicht für den Verstand,*
> *sondern für das Erwachen."*

## Teil 5 – Die heilige Rückkehr

*„Und nun, da die Welt sich erneut am Abgrund der Trennung bewegt,*
*kehrt Maria zurück – nicht in Person,*
*sondern in Stimme,*
*in Schwingung,*
*in Weisheit."*

Ihr Evangelium ruft **keine Religion,**
sondern **Erinnerung.**

Es ruft nicht Frauen oder Männer –
es ruft die **Seelen, die bereit sind,**
**sich zu erinnern.**

## Schluss – Ein stiller Ruf

> *Vielleicht warst du lange auf der Suche.*
> *Vielleicht hast du viele Stimmen gehört –*
> *aber keine, die dich ganz berührt hat.*

> *Dann halte jetzt inne.*
> *Denn hier spricht eine Stimme,*
> *die nie aufgehört hat, zu lieben.*

*Maria Magdalena.*
*Nicht vergessen.*
*Nur verschwiegen.*

*Und nun:*
*Geh und erinnere dich.*

# Inhaltsangabe Einleitung

## Maria Magdalena – Das verlorene Licht

*Inhalt und Ursprung*: Das wahrscheinlich im 2. Jahrhundert verfasste Evangelium der Maria Magdalena wurde in fragmentarischer Form in koptischer Sprache gefunden – unter anderem im Codex Berolinensis (Papyrus 8502).

*Kernaussage*: Maria Magdalena war nicht nur Zeugin der Auferstehung, sondern eine spirituelle Führerin mit tiefer Erkenntnis. Sie spricht über die Auflösung der inneren "Mächte" (Archonten), über Selbstbefreiung durch Gnosis und das Überwinden von Angst.

*Besonderheit*: Der Dialog Jesu mit seinen Jüngern offenbart einen inneren Weg zur Wahrheit, der keine Vermittler benötigt.

*Parallelen*: Ähnliche Botschaften finden sich in gnostischen Evangelien wie im Philippus- oder im Thomasevangelium.

*Historische Relevanz:* Lange von der Kirche marginalisiert, verkörpert Maria das unterdrückte weibliche Prinzip innerhalb der frühen christlichen Bewegung.

## Inhaltsangabe Hauptteil:

## Maria Magdalena – Das verlorene Licht

*Stell dir vor …*

eine Frau, die nicht im Schatten steht, sondern im Zentrum. Nicht als Dienerin, sondern als Wissende. Nicht als Sünderin, sondern als Geliebte des Lichts: Maria Magdalena. Sie steht nicht nur neben dem leeren Grab, sondern sie steht auch für einen Weg, den viele vergessen haben: den Weg nach innen.

Die überlieferte Schrift – das *„Evangelium der Maria"* – ist wie ihre Geschichte selbst fragmentarisch. Teile fehlen. Seiten wurden entfernt. Doch das, was bleibt, leuchtet wie Gold im Sand: die Gespräche mit den Jüngern. Visionen aus der Tiefe der Seele. Und vor allem: ein anderes Verständnis von Erlösung.

Da sprach Maria: *„Ich sah den Herrn in einer Vision, und ich sagte zu ihm: Herr, ich sah dich heute in einem Traum."*

Jesus lehrt sie in Visionen. Kein Dogma. Kein Tempel. Kein Opfer.

Sondern: Freiheit von Angst und Erlösung durch Erkenntnis, durch Gnosis. Maria spricht davon, wie die Seele durch sieben Mächte wandert – Mächte wie Dunkelheit, Verlangen, Unwissenheit, Zorn… und jede wird durchlichtet. Nicht bekämpft. Sie werden durchschaut.

**„Wo der Geist wohnt, da gibt es kein Gesetz."**

Die Jünger – vor allem Petrus – sind irritiert. Warum hat *sie* diese Worte empfangen? Warum *sie*, eine Frau? Und doch verteidigt Levi sie: *„Wenn der Erlöser sie würdigte – wer sind wir, dass wir sie verwerfen?"*

Maria wird somit zur ersten Zeugin. Zur ersten Lehrerin. Sie wird zur Stimme des weiblichen Christusprinzips. Und dieses Prinzip ist nicht laut. Es ist still, aber durchdringend. Es heilt, indem es erinnert.

**Was Maria Magdalena uns heute sagen würde:**

> *„Dein Licht braucht keine Vermittlung.*
> *Du bist nicht getrennt.*
> *Du musst nichts verdienen.*
> *Du bist bereits – jetzt – Teil des Göttlichen.*
> *Wenn du dich traust, nach innen zu gehen ...,*
> *wirst du alles finden, was du suchst."*

Maria Magdalena steht nicht für eine Figur.
Sie steht für eine Haltung. Für das Erinnern daran, dass Erkenntnis nicht über Gehorsam kommt, sondern über Liebe. Und über den Mut, deiner eigenen inneren Stimme zu vertrauen – auch wenn andere sie auslöschen wollen.

**Lies die Originalfragmente nicht wie einen Text.**
**Lies sie wie einen Spiegel.**

*Denn vielleicht – nur vielleicht – spricht sie auch zu dir.*

# Thomas – Was Jesus wirklich sagte

## Imaginäres Drehbuch – Einführung zum Evangelium des Thomas

*„Dies ist kein historischer Text – sondern eine seelische Einladung, den Christus in dir zu entdecken."*

**Titel:** *„Der verborgene Jesus – Das Evangelium des lebendigen Lichts"*

**Format:** Drehbuch für ein spirituelles, imaginäres Video

*Manche Texte sprechen laut.*
*Andere flüstern –*
*so leise, dass man still werden muss,*
*um sie zu hören.*

*Das Evangelium des Thomas ist kein Bericht.*
*Keine Chronik.*
*Es ist ein Echo der Stimme Jesu –*
*nicht als Prediger,*
*sondern als Spiegel des inneren Lichts.*

*Und du bist der, der hören soll.*

## Teil 1 – Der Jesus jenseits der Religion

> *„Diese Worte sind geheim –*
> *und doch für jeden bestimmt,*
> *der Augen hat zu sehen."*

Dieses Evangelium wurde nie öffentlich gelesen.
Es passte nicht in das,
was Institutionen aus Christus gemacht haben.

*„Denn dieser Jesus war kein Erlöser durch Opfer,*
*sondern durch Erkenntnis."*

**Zitat (Logion 3):**

*„Wenn diejenigen, die euch führen, sagen:*
*‚Seht, das Reich ist im Himmel',*
*dann werden euch die Vögel zuvorkommen.*
*Wenn sie sagen:*
*‚Es ist im Meer',*
*dann werden euch die Fische zuvorkommen.*
*Aber das Reich ist in euch –*
*und außerhalb von euch."*

## Teil 2 – Der Mensch, der zum Licht wird

In 114 Logien spricht Jesus –
nicht in Gleichnissen,
sondern in **Verdichtungen göttlicher Weisheit.**

*„Der Mensch, der sich erkennt,*
*wird erkannt –*
*und wird Licht."*

**Zitat (Logion 70):**

*„Wenn ihr das in euch hervorbringt,*
*wird es euch retten.*
*Wenn ihr es nicht in euch habt,*
*wird es euch töten."*

*Dies ist kein Text für Gläubige.*
*Dies ist ein Ruf an Erwachte.*

## Teil 3 – Der spirituelle Aufstieg

> *„Werde ein Durchscheinender –*
> *nicht durch Wissen,*
> *sondern durch Loslassen."*

Jeder Vers ist eine Prüfung:
Nicht für den Verstand,
sondern für das Ego.

Jesus zeigt dir nicht den Weg.
Er **fragt** dich –
bis du ihn **selbst erkennst.**

**Zitat (Logion 2):**

> *„Wer sucht, der findet.*
> *Wer findet, wird erschüttert.*
> *Und wenn er erschüttert ist,*
> *wird er sich wundern –*
> *und König sein über das All."*

## Teil 4 – Die letzte Umkehr

> *„Wenn du das Weibliche mit dem Männlichen vereinigst,*
> *das Obere mit dem Unteren,*
> *das Äußere mit dem Inneren –*
> *dann wirst du das Reich erkennen."*

Das Evangelium des Thomas fordert:
**Integriere.**
**Sei ganz.**
**Werde eins.**

Es ist der Ruf zur letzten Umkehr –
nicht zur Religion,
sondern zur **Einheit in dir selbst.**

### Schluss – Die Stille, in der du gemeint bist

*Vielleicht hast du lange gesucht.*
*Vielleicht hast du viele Worte gelesen.*

*Aber diese hier meinen dich.*
*Nicht dein Denken.*
*Nicht deinen Glauben.*

*Sondern dein Erinnern.*

*Denn du bist das Licht.*
*Und Jesus hat es nur gespiegelt.*

### Zitat (Logion 77):

> *„Ich bin das Licht, das über allem ist.*
> *Ich bin das All.*
> *Das All ist aus mir hervorgegangen –*
> *und zu mir kehrt das All zurück."*

### Fazit:

**Das Evangelium des Thomas ist kein Evangelium zum Lesen –**
es ist ein Evangelium zum Erwachen.

Wenn du bereit bist,
dann wird es sich dir öffnen.
Nicht Zeile für Zeile.

## Inhaltsangabe Einleitung

### Thomas – Was Jesus wirklich sagte

*Inhalt und Ursprung*: Das Thomasevangelium, das zum
Kanon der Nag-Hammadi-Schriften (4. Jahrhundert n.
Chr.) gehört, ist eine Sammlung von 114 Logien
(Sprechworten Jesu), die stark gnostisch geprägt sind.

*Kernaussage*: Jesus wird als spiritueller Lehrer dargestellt,
der zur Selbsterkenntnis und inneren Gnosis (Erleuchtung)
aufruft. "Das Königreich ist in euch und außerhalb von
euch."

*Besonderheit*: Es ist kein Bericht über Tod und
Auferstehung, sondern die Betonung liegt auf
unmittelbarer Erfahrung.

*Parallelen*: Nähe zu buddhistischen Sutren, mystischer
Philosophie, sowie zur Bergpredigt – jedoch radikaler
subjektiv.

*Historische Relevanz*: Spiegelt einen ursprünglichen, inneren Christusweg, der später verdrängt wurde.

### Inhaltsangabe Hauptteil:

*Stell dir vor …*
du begegnest Jesus nicht als Figur, sondern als **Stimme**.
Kein Drama, kein Kreuzweg. Kein Spektakel. Nur Worte.

Sätze, die wie Lichtsplitter in dein Inneres fallen – leise, klar und fordernd.

Willkommen im Thomasevangelium.

Diese Schrift, die in den 1945 entdeckten **Nag-Hammadi-Funden** überliefert ist, ist keine Geschichte. **Sie ist eine Sammlung.** 114 Logien – das sind Sprüche, Aphorismen und Bewusstseinsblitze.

Jesus spricht. Und was er sagt, ist anders. Es ist kein moralisches Regelwerk, sondern eine radikale **Innenschau:**

> *„Wenn ihr euch selbst erkennt, werdet ihr erkannt werden."*

Er spricht nicht über Himmel und Hölle.
Er spricht über **dich**. Über das Reich Gottes in dir.
Über das verborgen Licht, das gefunden werden will.
Er sagt nicht: *„Folge mir."*
Er sagt: *„Werde du selbst."*

> *„Wenn ihr das, was in euch ist, hervorbringt, wird euch das retten. Wenn ihr das nicht hervorbringt, wird es euch zerstören."*

Das Thomasevangelium zeigt einen **Christus**, der nicht angebetet werden will –
sondern der erinnert.
Der nicht verurteilt, sondern fragt.
Der nicht antwortet, sondern ins Staunen führt.
Es ist ein spirituelles Destillat, frei von Mythos – aber durchtränkt von Wahrheit.

> *„Das Königreich ist in euch und außerhalb von euch.*
>
> *Wenn ihr euch erkennt, dann werdet ihr erkennen, dass ihr Kinder des lebendigen Vaters seid."*

**Was Thomas uns heute sagen würde:**

> *„Hör auf zu suchen – im Außen.*
> *Hör auf zu warten – auf Erlösung.*
> *Beginne zu **lauschen**.*
> *Beginne dich zu **erinnern**."*

Die Wahrheit, nach der du suchst, ist kein Besitz.
Sie ist eine Bewegung. Eine Enthüllung. Ein Heimkommen.

Wenn du Jesus wirklich verstehen willst,
dann folge nicht seinem Leben, sondern **seinem Blick**.
Dem Blick, mit dem er in dich sah.
Und mit dem er dich erkannte, bevor du dich selbst erkannt hast.

**Lies diese Logien nicht wie Zitate.**
**Lies sie wie Saatgut.**
**Was auf deinem Boden wächst, liegt bei dir.**

# Jubiläen – Der göttliche Kalender

## Imaginäres Drehbuch – Einführung zum Buch der Jubiläen

*„Dies ist kein historischer Text – sondern eine seelische Einladung, im göttlichen Rhythmus zu leben."*

**Titel: *„Der verborgene Kalender – Die heilige Ordnung der Zeit"***

**Format:** Drehbuch für ein spirituelles, imaginäres Video

*Was wäre, wenn die Zeit selbst eine Botschaft ist?*
*Wenn jeder Tag, jeder Zyklus, jede Wiederkehr*
*ein Ton in der göttlichen Melodie wäre?*

*Das Buch der Jubiläen ist kein Geschichtsbuch.*
*Es ist eine Partitur aus Licht.*

*Wer sie liest,*
*erinnert sich an den Rhythmus,*
*den die Welt verloren hat.*

## Teil 1 – Der himmlische Ursprung

*„Und der Engel der Gegenwart sprach zu Mose…"*

Nicht ein Mensch,
sondern ein **Engel überliefert** dieses Buch.

> *„Dies ist, was im Himmel aufgeschrieben steht –*
> *nicht für die Archive der Erde,*
> *sondern für das Erwachen des Volkes Gottes."*

Die Jubiläen erzählen Genesis neu –
aber nicht als Geschichte,
sondern als **heilige Ordnung,**
in Zyklen von **7 × 7 Jahren,**
in Tönen von **Sabbat und Fest.**

**Teil 2 – Das verlorene Maß der Zeit**

*„364 Tage soll das Jahr haben – vollkommen, gerecht, ge-*
*ordnet."*

Der Schöpfer gab einen **heiligen Kalender** –
ausgerichtet nach Licht, nicht nach Mond.

*„Vier Jahreszeiten.*
*Je 91 Tage.*
*Ein Zwischentag an jedem Übergang.*
*Damit das Jahr voll ist."*

*„Doch die Menschen folgten anderen Zeiten –*
*und vergaßen,*
*was den Himmel geordnet hält."*

**Zitat:**

*„Hütet euch vor dem Mondkalender –*
*denn durch ihn werden viele verwirrt*
*und meine Feste entweihen."*

**Teil 3 – Die Wahrheit hinter der Geschichte**

Die Jubiläen berichten von Adam bis Mose –
aber in einer **tieferen Chronologie:**

Sie zeigen das **Innere hinter dem Äußeren,**
die **Verbindungen, die die Bibel übergeht.**

*Warum sündigte Kain wirklich?*
*Warum war Abraham nicht blind gläubig,*
*sondern ein kosmischer Eingeweihter?*

**Zitat:**

> *„Und Noach schwor, kein Blut zu essen –*
> *und der Regenbogen war ihm ein Zeichen*
> *des ewigen Bundes."*

**Teil 4 – Die vergessene Gerechtigkeit**

> *„Es geht nicht um Opfer.*
> *Nicht um Rituale.*
> *Sondern um das Wandeln in Gerechtigkeit."*

Das Buch der Jubiläen erinnert:
**Die Gesetze Gottes sind nicht hart.**
Sie sind **Schutz, Erinnerung, Heilung.**

> *„Tue Gerechtigkeit –*
> *und der Himmel geht mit dir."*

**Schluss – Die Rückkehr des Maßes**

> *Jetzt, da die Welt ihre Ordnung verliert,*
> *kehrt das Maß zurück.*

> *Nicht durch Gewalt,*
> *sondern durch Erinnerung.*

*Wer nach dem Rhythmus des Lichts lebt,*
*lebt jenseits der Angst.*

**Zitat:**

> *„Und die Gerechten werden glänzen*
> *wie das Licht der Sterne –*
> *unerschütterlich,*
> *nach der Ordnung des Himmels."*

**Fazit:**

**Das Buch der Jubiläen ist kein Anhang –**
**es ist ein Schlüssel.**
Wer es liest, erkennt:
Zeit ist heilig.
Ordnung ist heilig.
Und du bist ein Teil davon.

# Inhaltsangabe Einleitung

## Jubiläen – Der göttliche Kalender

*Inhalt und Ursprung*: Das Buch der Jubiläen ist vermutlich im 2. Jahrhundert v. Chr. in hebräischer Sprache entstanden. Es strukturiert die biblische Geschichte in 49 Jubiläen, die jeweils 49 Jahre umfassen.

*Kernaussage*: Zeit und Geschichte sind heilig und unterliegen einem göttlichen Ordnungssystem.

*Besonderheit*: Ein Kalendersystem mit 364 Tagen, Sabbaten, Festen und Offenbarungen der Engel durch Mose.

**Parallelen**: Es gibt Parallelen zum Genesis-Bericht, aber die Struktur ist klarer und es gibt zusätzliche Erklärungen.

**Historische Relevanz**: Beliebt in der Qumran-Gemeinschaft, bot einen alternativen Zugang zu Zeit, Heil und Ordnung.

**Inhaltsangabe Hauptteil:**

**Jubiläen – Der göttliche Kalender ...**

*Stell dir vor ...*
Zeit wäre **heilig**.
Nicht getrieben und nicht linear, sondern geordnet nach einem **himmlischen Rhythmus**. Jede Woche, jedes Jahr, jedes Fest ist in eine größere Harmonie eingebettet. Willkommen im Buch der **Jubiläen**, einer verborgenen Offenbarung über den göttlichen Bauplan der Zeit!

Die Schrift entstand vermutlich im **2. Jahrhundert v. Chr.** und wird häufig als *„Kleine Genesis"* bezeichnet. Doch sie ist mehr: eine Chronik göttlicher Ordnung, die durch den **Engel der Gegenwart** an Mose hoch oben auf dem Sinai überliefert wurde.

Nicht nur das Gesetz empfängt Mose dort, wo Himmel und Erde sich berühren, sondern auch das **kosmische Gefüge**.

*„Alle Dinge wurden geordnet von Anfang an – nach Wochen und Jahren, nach Festzeiten und Heiligen Tagen."*

Das Buch teilt die Geschichte der Welt in **49 Jubiläen** – sieben mal sieben.

Eine Struktur, die über Zeit hinausweist. Sabbate, Neumonde, Feste – alles folgt einem festen, gerechten Rhythmus.

Nicht dem babylonischen Mondkalender, sondern einem **Sonnenjahr mit 364 Tagen** – vollkommen und göttlich.

*„Denn in diesem Kalender ist keine Unordnung. Er wurde dem Himmel entnommen."*

Zugleich gibt das Buch der Jubiläen Einblick in verborgene Ereignisse wie den Sündenfall, die Sintflut und Abrahams Prüfung - alles wird mit heiliger Zeit verknüpft. Kein Geschehen ist willkürlich.

Alles ist eingebettet in ein **größeres Gedächtnis.**

**Was uns Jubiläen heute sagen würden:**

*„Dein Leben folgt einem Rhythmus,*
*der größer ist, als du denkst.*
*Nicht die Uhr bestimmt dich.*
*Sondern das Licht."*

**Heilige Zeit heilt.**
Sie stellt dich zurück in Einklang, und zwar mit dir selbst, mit der Schöpfung und mit dem Ursprung.

*„Halte den Sabbat nicht, weil du musst.*
*Halte ihn, weil du dich erinnern willst."*

Dieses Buch ist wie ein inneres Mosaik:
Jeder Tag ist ein Stein, jeder Zyklus ist ein Kreis und jedes

Jahr ist ein Spiegel. Du bist eingeladen, dich darin wiederzufinden – jenseits von Kalenderdruck und Leistung.

**Lies Jubiläen nicht wie ein Datumssystem.**
**Lies es wie eine Rückkehr zur Ordnung.**
**Zur Ordnung des Himmels.**

## Jaschar – Die Chronik der Menschheit

### Imaginäres Drehbuch – Einführung zum Buch Jaschar

*„Dies ist kein historischer Text – sondern eine seelische
Einladung, hinter die Kulissen der Heiligen Geschichte zu
blicken."*

**Titel:** *„Das Lied der Gerechten – Das vergessene Buch
Jaschar"*

**Format:** Drehbuch für ein spirituelles, imaginäres Video

*Es gibt ein Buch, das mehrfach in der Bibel erwähnt wird –
und doch fehlt es in der Bibel.*

> *„Ist dies nicht geschrieben im Buch Jaschar?"*
> *steht es in Josua 10,13 und 2. Samuel 1,18.*

Und doch:
Es wurde **entfernt, vergessen, überschattet.**
Aber nicht gelöscht –
denn wer sucht, der findet.

## Teil 1 – Die Stimme der alten Zeiten

> *„Dies ist das Buch der Aufrichtigen,*
> *derer, die in Wahrheit wandelten,*
> *noch bevor die Gesetze geschrieben waren."*

Das Buch Jaschar ist keine Erfindung.
Es ist die **tieferliegende Erinnerung** an die Patriarchen –
Abraham, Jakob und Mose –
nicht als stumme Namen,
sondern als **handelnde Seelen,**
voller Menschlichkeit, Zweifel und Licht.

## Teil 2 – Die Geschichte hinter der Geschichte

> *„Und Abraham ging hinaus – nicht blind,*
> *sondern geführt von innerer Weisheit."*

Im Buch Jaschar entfalten sich vertraute biblische Szenen –
doch in **neuer Klarheit.**

- **Warum war Esau wirklich so hitzig?**
- **Was trieb die Völker zur Sintflut?**
- **Welche inneren Prüfungen durchlebte Josef, bevor er zum Licht wurde?**

**Zitat:**

> *„Und als sie ihn in den Brunnen warfen,*
> *war sein Herz in Frieden –*
> *denn der Ewige war bei ihm."*

## Teil 3 – Der verborgene moralische Kodex

*„Nicht die Gesetze formen den Gerechten –*
*sondern das Herz."*

Das Buch Jaschar offenbart,
dass Gerechtigkeit **nicht erst mit dem Sinai beginnt,**
sondern mit dem **inneren Gesetz der Seele.**

*„Die Gerechten wussten, was richtig war –*
*nicht durch Schrift,*
*sondern durch das Licht in ihnen."*

## Teil 4 – Die Lehrmeister aus der Vergangenheit

*„Und Mose wurde nicht nur Lehrer –*
*sondern Schüler der alten Wege."*

Das Buch Jaschar verbindet Generationen.
Es zeigt:
**Glaube war nie starr.**
Er war immer ein **Weg,** ein **Wachsen,** ein **Wandeln.**

*„Denn wer mit dem Höchsten geht,*
*geht nicht allein –*
*auch wenn er allein erscheint."*

## Schluss – Ein Lied für die Gerechten

*„Jaschar"* bedeutet: *„Der Aufrichtige", „Der Gerechte".*
Dieses Buch ist kein Mythos.
Es ist ein **Lied aus der Tiefe der Zeit,**
für die, die in Wahrheit leben wollen.

**Zitat:**

*„Denn Gott kennt die Seelen der Gerechten,*
*und ihr Name ist eingeschrieben*
*im Buch des Lebens –*
*wie im Buch Jaschar."*

**Fazit:**

Das Buch Jaschar ist keine Konkurrenz zur Bibel –
es ist ihr verborgenes Echo.
Es ergänzt, erweitert und vertieft.
Es lädt dich ein:
Sieh genauer hin.
Fühle tiefer.
Und wandle auf dem Pfad der Aufrichtigen.

# Inhaltsangabe Einleitung

## Jaschar – Die Chronik der Menschheit

*Inhalt und Ursprung*: Das Buch Jaschar („Buch des Aufrechten") wird mehrfach in der Bibel erwähnt (Josua 10:13, 2. Samuel 1:18), doch der erhaltene Text stammt wahrscheinlich aus späterer rabbinischer Überlieferung.

*Kernaussage*: Erweitert die alttestamentlichen Erzählungen um Details zu Adam, Enoch, Noah, Abraham, Mose.

*Besonderheit*: Zeitlich gegliederte Chronik mit spirituellen und moralischen Kommentaren.

*Parallelen*: Überschneidung mit Genesis, Exodus, Henoch und Jubiläen.

*Historische Relevanz:* Versuch, die Menschheitsgeschichte als göttlich gelenkten Prozess zu deuten.

**Inhaltsangabe Hauptteil:**

Jaschar – Die Chronik der Menschheit …

*Stell dir vor …*
es gäbe ein Buch, das **alles zusammenhält** – von Adam bis Mose. Kein Roman und auch kein Gesetzeswerk, sondern eine **lebendige Chronik**, die atmet, staunt und sich erinnert.
Das Buch *Jaschar – „Buch des Aufrechten"* – ist ein solcher Faden.
Es wird **zweimal in der Bibel** erwähnt, doch sein Inhalt blieb lange Zeit verborgen.
Es handelt sich nicht um einen dogmatischen Text. Es ist eine **Erzählung**. Er füllt Lücken, stellt Verbindungen her und vertieft Figuren, die wir zu kennen glaubten.

Adam, Henoch, Noah, Abraham, Josef, Mose – aber anders.

**Näher. Menschlicher. Erhabener.**

*„Und Abraham sprach: Solange mein Herz in mir lebt, werde ich den Namen des Höchsten preisen."*

*Jaschar* berichtet mit Ehrfurcht und zugleich Wärme. Es zeigt, wie die Erzväter Entscheidungen trafen, wie sie rangen, glaubten, zweifelten, sprachen und irrten – und wie das Göttliche dennoch durch sie wirkte. Es ist wie ein großes, heiliges Theaterstück, das nicht auf

einer Bühne, sondern im Herzen jedes Menschen aufge-
führt wird.

Ein Beispiel?

Als Esau Jakob die Erstgeburt verkauft - hier spüren wir
nicht nur den Tausch, sondern auch die **inneren Beweg-
gründe** und Reifeprozesse. Es sind nicht nur Taten, sondern auch **Spiegel menschlicher Reifung.**

*„Denn Esau verachtete die Erstgeburt – aber Jakob hütete
sie in seinem Herzen wie Feuer."*

**Was Jaschar uns heute sagen würde:**

> *„Deine Geschichte ist nicht klein.*
> *Sie ist Teil eines großen Musters.*
> *Du bist nicht getrennt von den alten Wegen.*
> *Du bist Fortsetzung."*

Dieses Buch sagt: Alles ist **Erinnerung**. Und Erinnerung ist
**Macht**. Wenn du beginnst, dich zu erinnern – nicht an Fakten, sondern an dein Wesen –
beginnt deine Geschichte **neu**.

> *„Der Mensch ist der Träger der Zeiten –*
> *und die Zeit ist der Spiegel seiner Seele."*

**Lies Jaschar nicht wie ein Geschichtsbuch.**
**Lies es wie einen großen Atemzug.**
Er verbindet dich mit dem, was war –
und bereitet dich vor auf das, was kommt.

# Baruch – Die Endzeitvision

## Imaginäres Drehbuch – Einführung zur Apokalypse des Baruch

*„Dies ist kein historischer Text – sondern eine seelische Einladung, dem Sinn des Leidens zu begegnen und das Licht dahinter zu erkennen."*

**Titel:** *„Die Tränen des Propheten – Baruch und das Licht im Zusammenbruch"*

**Format:** Drehbuch für ein spirituelles, imaginäres Video

*Jerusalem ist gefallen.*
*Der Tempel ist zerstört.*
*Das Volk zerstreut.*
*Nur Rauch und Schutt,*
*wo einst der Ort der Gegenwart war.*

Inmitten dieser Ruinen erhebt sich eine Stimme –
nicht wütend, nicht verzweifelt,
sondern **fragend, bittend und sehnsüchtig nach Wahrheit.**

## Teil 1 – Die Krise der Seele

*„Warum lässt Gott das zu?"*

Baruch – der Schüler Jeremias,
Zeuge der Katastrophe –
wendet sich nicht von Gott ab.
Er wendet sich ihm zu –
mit Tränen, mit Klage und mit Mut zum Fragen.

*„Wie kann es sein, dass die Bösen triumphieren*
*und die Gerechten fallen?"*

Er stellt die uralten Fragen der Menschheit –
doch mit einer Haltung,
die **Gott nicht anklagt, sondern sucht.**

**Teil 2 – Die Visionen des Sinns**

*„Und siehe – sieben große Zeiten offenbarte mir der Engel*
*des Ewigen."*

Baruch erhält Visionen.
Nicht zur Ablenkung,
sondern zur **Deutung der Gegenwart.**

- Die sieben Zeitstufen der Weltgeschichte.
- Der Adler mit zwölf Flügeln.
- Das kommende Lichtreich der Gerechtigkeit.

*„Das Dunkel währt nicht ewig –*
*es ist nur ein Durchgang zum Licht."*

**Zitat:**

*„Wie ein Same in der Erde verborgen ist –*
*so wächst das Reich des Lichts*
*unter der Oberfläche der Welt."*

**Teil 3 – Die verborgene Gerechtigkeit**

*„Was ist der Lohn der Gerechten?*
*Warum leiden sie?"*

Baruch lernt:
**Gerechtigkeit ist nicht äußerer Erfolg –**
**sie ist innerer Bestand.**

> *„Die Seelen der Gerechten sind in Gottes Hand –*
> *sie ruhen, bis das neue Licht geboren wird."*

Dieses Buch schenkt Hoffnung nicht durch Verdrängung,
sondern durch **tieferes Sehen.**

### Teil 4 – Der letzte Auftrag

> *„Und Baruch versammelte das Volk –*
> *um ihnen das Wort der Hoffnung zu geben."*

Bevor er von der Erde genommen wird,
spricht Baruch zu den Übriggebliebenen.

Er ruft nicht zum Aufstand auf,
sondern zur **inneren Treue,**
zur **stillen Erwartung,**
zum **Wandeln in Weisheit.**

### Zitat:

> *„Wenn ihr in der Gerechtigkeit bleibt,*
> *werdet ihr stehen –*
> *auch wenn die Welt fällt."*

### Schluss – Das Licht im Staub

> *Baruch ist kein Prophet der Zerstörung.*
> *Er ist der Bote des Trostes –*
> *und der Hüter der letzten Flamme.*

*In einer Welt, die zerfällt,*
*trägt er das Maß des Himmels*
*im Herzen.*

*Und wenn du diesen Text liest –*
*dann ist es vielleicht dein Ruf,*
*dieses Licht weiterzutragen.*

**Fazit:**

**Das Buch Baruch ist kein Apokalypse-Thriller.**
**Es ist eine geistige Landkarte für dunkle Zeiten.**
Es zeigt:

- Klage ist erlaubt.
- Fragen sind heilig.
- Das Licht kehrt zurück –
  **in denen, die nicht aufgeben.**

## Inhaltsangabe Einleitung

### Baruch – Die Endzeitvision

*Inhalt und Ursprung:* Die Apokalypse des Baruch (2. Buch Baruch), verfasst ca. 1. Jh. n. Chr., wird Jeremia's Sekretär zugeschrieben und behandelt den Fall Jerusalems und das kommende Reich Gottes.

*Kernaussage:* Trost und Hoffnung angesichts der Zerstörung: Das kommende Reich ist nahe, der Mensch muss umkehren.

*Besonderheit:* Visionen von der Endzeit, dem Messias, der Wiederherstellung Israels und der Auferstehung.

*Parallelen*: Es gibt eine Nähe zur Johannesoffenbarung und zur syrischen Mystik.

*Historische Relevanz*: Es ist ein Ausdruck jüdischer Hoffnung nach dem Fall des Tempels und ist stark messianisch geprägt.

**Inhaltsangabe Hauptteil:**

Baruch – Die Endzeitvision ...

*Stell dir vor ...*
du stehst auf einer Anhöhe über der **zerstörten Stadt.** Rauch steigt auf. Das Heilige wurde geschändet. Die Welt scheint aus den Fugen geraten zu sein. Und doch – inmitten all dessen – ertönt eine Stimme. Nicht aus Hass, sondern aus Hoffnung. Es ist **Baruch,** der Schreiber des Propheten Jeremia. Und seine Worte durchdringen Ruinen wie **Licht die Asche.**

Die *Apokalypse des Baruch* ist kein Weltuntergangstext, sondern ein **Ruf zur Besinnung.**

Sie entstand nach der Zerstörung Jerusalems durch die Römer und gibt der Verzweiflung eine Richtung: Umkehr, Geduld und Vertrauen in das, was **größer ist als Gewalt.**

> *„Die Welt wurde nicht umsonst erschaffen – und sie wird nicht umsonst vergehen."*

Baruch hat Visionen: von Engeln, vom kommenden **Messias und** vom **neuen Jerusalem.**

Aber auch von Prüfungen, vom Leid der Gerechten und vom wachsenden Dunkel.
Und doch: Immer wieder **Hoffnung**. Immer wieder das *„aber dennoch"*.

> *„Wie ein Same unter der Erde ruht,*
> *so ruht das Reich Gottes –*
> *und wird hervorgehen zu seiner Zeit."*

Seine Sprache ist ernst, aber nicht düster.
Trostvoll, aber nicht naiv.
Baruch spricht zu einem **Volk im Exil** – und zugleich zu einer **Seele**, die sich fremd fühlt in dieser Welt.

**Was Baruch uns heute sagen würde:**

> *„Fürchte die Dunkelheit nicht,*
> *sondern erkenne, wozu sie da ist.*
> *Sie ist nicht das Ende.*
> *Sie ist der Hintergrund,*
> *vor dem das Licht sichtbar wird."*

Diese Vision ist keine Drohung.
Sie ist eine Einladung, wach zu sein, klar zu leben und vorbereitet zu sein.
Nicht im Sinne von Angst, sondern im Sinne von **innerer Klarheit**.

> *„Der Mensch, der standhält, ist wie ein Baum –*
> *fest verwurzelt, selbst im Sturm."*

**Lies Baruch nicht wie einen Fahrplan zur Apokalypse.**
**Lies ihn wie einen Kompass für Zeiten des Wandels.**

Denn die Zeit der Umkehr ist nicht irgendwann.
**Sie ist jetzt.**

# Hermas – Die Stimme der Umkehr

## Imaginäres Drehbuch – Einführung zum Hirten des Hermas

*„Dies ist kein historischer Text – sondern eine seelische Einladung, die Stimme des göttlichen Gewissens zu hören."*

**Titel:** *„Der Hirte im Licht – Innere Rückkehr zur Wahrheit"*

**Format:** Drehbuch für ein spirituelles, imaginäres Video

> *Ein einfacher Mann.*
> *In der Stille.*
> *Er hört eine Stimme.*
> *Zuerst zart, dann deutlicher.*

Und so beginnt eine Reise –
nicht durch Länder,
sondern durch die Tiefen seiner Seele.
Der Hirte des Hermas ist kein Lehrer mit Dogmen,
sondern ein **Bote der Umkehr,**
ein **Engel mit Geduld,**
ein **Licht in der Reue.**

## Teil 1 – Die Visionen der Stille

> *„Ich sah eine Frau in leuchtendem Gewand –*
> *sie sprach zu mir von der Kirche der Zukunft."*

Hermas empfängt fünf Visionen –
keine Spektakel, sondern Bilder für die Seele:

- Die heilige Kirche als wachsendes Gebäude.
- Engel als Bauleute des Lichts.
- Prüfungen, Versuchungen, Buße und Hoffnung.

*„Jede Vision will nicht erklärt,*
*sondern erkannt werden –*
*im eigenen Herzen."*

**Zitat:**

*„Die Kirche wird durch Leiden gereinigt –*
*und durch Demut erneuert."*

**Teil 2 – Die zwölf Gebote des Gewissens**

*„Und der Engel sprach zu mir:*
*Ich bin der Hirte, der dich bewacht –*
*ich lehre dich, was gut und wahr ist."*

Die zwölf Gebote des Hirten sind keine Gesetze,
sondern **Anleitungen zur inneren Heilung**:

- Fürchte den Herrn, aber liebe ihn.
- Hüte deine Zunge – sie baut oder zerstört.
- Sei treu in Gedanken und Werken.
- Werde sanftmütig, geduldig und wahr.

*„Nicht Strafe droht –*
*sondern Erkenntnis befreit."*

## Teil 3 – Die Gleichnisse der Umkehr

*„Ich sah einen Weinstock,*
*der verdorrte –*
*doch Wasser ließ ihn wieder grünen."*

Hermas hört zehn Gleichnisse –
wie Perlen, die langsam leuchten:

- Der Baum mit den gesunden und faulen Früchten.
- Die Steine des Turms – je nach Reinheit eingefügt
  oder verworfen.
- Das Fasten, das nicht nur Verzicht,
  sondern Hingabe ist.

*„Alles in dir ist gemeint –*
*und alles kann geheilt werden."*

## Teil 4 – Die Ruhe des reuigen Herzens

*„Gott straft nicht die, die gefallen sind,*
*sondern vergisst die, die nicht zurückkehren wollen."*

Der Hirte erinnert:

- **Umkehr ist immer möglich.**
- **Auch am Abend des Lebens.**
- **Auch nach tausend Fehltritten.**

*„Die Engel warten nicht auf Vollkommenheit –*
*sie warten auf Aufrichtigkeit."*

Zitat:

*„Der Herr wohnt in denen,*
*die sich selbst erkennen –*
*und nicht aufgeben."*

## Schluss – Die Stille, die heilt

*Der Hirte des Hermas ist kein Buch für theologische Dis-*
*kussionen.*
*Es ist ein Spiegel für alle,*
*die wissen,*
*dass sie gefallen sind –*
*aber dennoch aufstehen wollen.*

*In dieser Demut geschieht das Licht.*

Fazit:

**Der Hirte des Hermas ist ein Seelenarzt –**
**und seine Stimme ist leise,**
**aber unendlich wahr.**

Er ruft dich nicht zum Glauben,
sondern zur **Heilung.**
**Zur Umkehr.**
**Zur inneren Klarheit.**

# Inhaltsangabe Einleitung

## Hermas – Die Stimme der Umkehr

*Inhalt und Ursprung:* Der "Hirte des Hermas" ist ein früh-
christlicher Text aus dem 2. Jahrhundert, entstanden in
Rom.

**Kernaussage**: Aufruf zur Umkehr, Buße und moralischer Erneuerung in Gleichnissen und Visionen.

**Besonderheit**: Hermas empfängt Belehrungen von einem Engel in Gestalt eines Hirten; betont Geduld, Reue, Vergebung.

**Parallelen**: Christliche Mystik, Gleichnisse Jesu, Offenbarungen.

**Historische Relevanz**: In den ersten Jahrhunderten wurde es hochgeschätzt und fast als kanonisch angesehen, später jedoch verdrängt.

**Inhaltsangabe Hauptteil:**

Hermas – Die Stimme der Umkehr ...

*Stell dir vor ...*
du gehst durch die Straßen **Roms**.
Die Stadt pulsiert, glänzt und verführt.
Und mitten in diesem Chaos lebt ein einfacher Mann namens **Hermas**.
Er ist weder Priester noch Gelehrter, sondern ein Mensch wie du und ich. Gerade deshalb wird er erwählt.
Denn manchmal spricht das Göttliche durch das **Alltägliche**.
Durch einen **Hirten**.

Der *Hirte des Hermas* ist ein frühes, kraftvolles Werk aus dem **2. Jahrhundert**.
Es ist Vision, Gleichnis und Offenbarung.
Hermas begegnet einem Engel, der in Gestalt eines Hirten erscheint und ihn lehrt.

In Bildern, die das Herz treffen:
Der Turm, der vom Glauben erbaut wird;
die reuige Seele als welkender Baum, der wieder grün
wird.

> *„Die Reue ist der große Neubeginn –*
> *der zweite Atem Gottes."*

Hermas wird nicht belehrt.
Er wird an seine Verantwortung **erinnert**.
An seine Würde.
An seine Fähigkeit, umzukehren – und **andere mitzunehmen**.
Die Visionen sprechen von **Buße**, aber nicht von Schwere.
Sondern als Weg zur **Freiheit**.

> *„Die Welt wird erschüttert werden –*
> *aber wer auf dem Felsen steht, wird nicht fallen."*

Es geht um **Gemeinschaft**.
Um das unsichtbare Band zwischen den Menschen.
Um Wahrheit, Milde und Standhaftigkeit.
Und immer wieder: **Geduld**.
Denn Umkehr ist kein Akt, sondern ein **Prozess**.

**Was Hermas uns heute sagen würde:**

> *„Gib dich nicht auf, wenn du gefallen bist.*
> *Umkehr ist kein Rückschritt.*
> *Sie ist Heimkehr."*

Hermas lädt dich ein, nicht moralisch zu werden –
sondern **wach**.

Nicht perfektionistisch – sondern **aufrichtig**.
In einer Welt voller Masken ist **Ehrlichkeit** der größte
Dienst.

*„Wer sein Herz läutert,*
*bereitet darin eine Wohnung für den Geist."*

**Lies Hermas nicht wie eine alte Schrift.**
**Lies ihn wie ein Gespräch mit deinem besseren Ich.**
Denn vielleicht – ganz vielleicht –
**bist du der nächste Hirte.**

## Salomo – Weisheit jenseits der Dogmen

**Imaginäres Drehbuch – Einführung zur Weisheit**
**Salomos**

*„Dies ist kein historischer Text – sondern eine seelische*
*Einladung, mit Weisheit zu leben – nicht nur zu glauben."*

**Titel: *„Die Krone aus Licht – Salomos Gesang der***
***Weisheit"***

**Format:** Drehbuch für ein spirituelles, imaginäres Video

*Nicht alles, was alt ist, ist vergangen.*
*Manches ist ewig – weil es aus Licht geboren wurde.*

So ist die **Weisheit Salomos**.
Kein Lehrbuch. Kein Gedichtband. Keine Predigt.

Sondern:
Eine **Einladung, mit Weisheit zu sehen,**
mit Liebe zu urteilen,

und mit dem Herzen zu erkennen,
wo der Verstand schweigt.

## Teil 1 – Die Stimme des weisen Königs

*„Gott, gib mir Weisheit –*
*denn kein König ist König ohne sie.“*

Salomo – König über Israel,
aber noch mehr:
**König über die inneren Reiche der Erkenntnis.**

Er spricht nicht nur zu seinem Volk,
sondern **zu allen Suchenden,**
über Zeit, Tod, Gerechtigkeit und Ewigkeit.

*„Ich bin sterblich – doch die Weisheit*
*macht mich teilhaftig des Unvergänglichen.“*

## Teil 2 – Die Gerechten und die Welt

*„Die Gerechten mögen sterben –*
*aber ihr Licht verlischt nicht.“*

Salomo spricht über den scheinbaren Triumph der Ungerechten.
Doch er zeigt:
Was zählt, ist nicht der äußere Sieg,
sondern die innere Wahrhaftigkeit.

*„Denn Gott prüft wie Gold im Feuer –*
*und bewahrt die Seelen der Treuen wie kostbaren Schatz.“*

Die **Weisheit** ist nicht Theorie –
sie ist ein **Weg der Stille, der Klarheit und des Mutes.**

## Teil 3 – Die Weisheit als Frau

> *„Sie ist ein Hauch der göttlichen Kraft.*
> *Ein reines Strahlen der Herrlichkeit des Ewigen."*

Salomo beschreibt die Weisheit in Bildern einer Frau:
sanft, klug, unbestechlich und heilig.

- Sie war bei der Schöpfung.
- Sie wohnt in den Gerechten.
- Sie wird denen gegeben,
  die in Demut bitten.

**Zitat:**

> *„Ich liebte sie –*
> *und suchte sie von Jugend an.*
> *Denn durch sie verstehe ich Gott."*

## Teil 4 – Das Gedächtnis der Menschheit

> *„Lernt aus der Geschichte –*
> *nicht nur aus Siegen,*
> *sondern aus dem, was die Seele geformt hat."*

Salomo ruft zur Erinnerung auf:

- An Adam, der das Maß verließ.
- An Mose, der das Volk führte.
- An Ägypten, Babylon, und die Prüfungen der Gerechten.

*„Die Geschichte ist kein Schatten –*
*sie ist ein Lehrmeister des Herzens."*

## Schluss – Die Weisheit als Weg zum Licht

*„Denn Weisheit ist freundlich.*
*Doch streng.*
*Sanft.*
*Doch furchtlos."*

Sie führt nicht zum Reichtum,
sondern zur Wahrheit.

Sie schenkt nicht Macht,
sondern Frieden.

Und wenn du sie findest –
**dann wird dein Leben selbst zum Tempel.**

**Fazit:**

**Die Weisheit Salomos ist kein Buch –**
**sie ist ein Spiegel.**
**Sie fragt dich nicht, was du glaubst.**
**Sondern: Wie du lebst.**

Wer sie liest,
wird vielleicht nicht klüger,
aber wahrhaftiger.
Sanfter.
Klarer.
Und innerlich freier.

# Inhaltsangabe Einleitung

## Salomo – Weisheit jenseits der Dogmen

*Inhalt und Ursprung*: Die „Weisheit Salomos" ist ein spät-jüdisch-hellenistischer Text aus dem 1. Jahrhundert v. Chr., der ursprünglich auf Griechisch verfasst wurde.

*Kernaussage*: Die göttliche Weisheit (Sophia) wirkt als Vermittlerin zwischen Gott und den Menschen. Sie durchdringt die gesamte Schöpfung und führt zu Gerechtigkeit.

*Besonderheit*: Philosophische Tiefe, Verbindung von Glaube und Vernunft sowie Ablehnung materieller Macht.

*Parallelen*: Nähe zu platonischer Philosophie, Buch der Weisheit, Sprüche, Gnosis.

*Historische Relevanz*: Einflussreich in der Alten Kirche und Mystik – heute wiederentdeckt als Brücke zwischen Ost und West, Herz und Verstand.

## Inhaltsangabe Hauptteil:

## Salomo – Weisheit jenseits der Dogmen

*Stell dir vor...*
Weisheit wäre nicht Belehrung, sondern ein Duft. Nicht Gesetz, sondern Licht. Nicht belehrend, sondern einladend. So spricht Salomo – nicht als Herrscher, sondern als Liebender der Weisheit. Das vermutlich im 1. Jahrhundert v. Chr. entstandene apokryphe Buch der Weisheit Salomos, ist eine Brücke: zwischen Judentum und griechischer Philosophie, zwischen Herz und Verstand sowie zwischen Ost und West.

*"Die Weisheit ist ein Hauch der göttlichen Kraft – und ein reines Ausfließen der Herrlichkeit des Allherrschers."*

In dieser Schrift ist die Weisheit weiblich: Sophia. Sie ist kein Besitz, sondern Gegenwart. Sie offenbart sich nicht durch Macht, sondern durch Reinheit des Herzens. Salomo beschreibt sie als lebendige Kraft, die die Welt durchdringt – und die Seele, die sie liebt, verwandelt.

*"In ihr ist ein Geist, der einsichtsvoll ist, heilig, einzig, mannigfaltig, fein, beweglich, durchsichtig, unversehrt."*

Die Weisheit Salomos ist nicht im engeren religiösen Sinn zu verstehen. Sie ist universell. Sie spricht Philosophen, Propheten, Dichtern und Wanderern gleichermaßen zu. Sie erhebt sich über Dogmen, ohne diese zu verurteilen. Denn ihr Ziel ist nicht Trennung, sondern Tiefe.

**Was Salomo uns heute sagen würde:**

*„Suche nicht die richtige Meinung.
Suche die tiefere Schau."*

Weisheit ist nicht das Gegenteil von Torheit, sondern das Durchschauen beider. Und wo du sie wirklich findest, da endet der Streit.

*"Die Weisheit führt sanft – aber sicher. Sie widersteht dem Bösen, ohne zu kämpfen. Sie wandelt, ohne zu zerstören."*

**Lies Salomo nicht wie ein antikes Lehrbuch.**

Lies ihn wie eine Meditation. Denn Weisheit ist kein Inhalt, sondern ein Zustand.

# Der stille Schatz der Originale

## Was bleibt, wenn das Echo der Worte verklungen ist?

Du hast dieses Buch gelesen.

Oder besser gesagt: Du hast **dich selbst darin gelesen**.
Denn jedes Kapitel war mehr als nur eine Erzählung.
Es war ein Spiegel.

Ein Ruf.
Ein Flüstern deiner eigenen Erinnerung.

Und nun?
Nun stehen wir am Rand eines weiteren Tores.
Ein Tor, das nicht in eine Geschichte führt,
sondern direkt in die **Quellen**.

In die Texte selbst.
Unverfälscht, fragmentarisch, manchmal geheimnisvoll.
Doch sie sind nie leer.

Diese Originalschriften, die du im Anhang findest,
sind **keine Belege**.
Sie sind **Begegnungen**.
Mit einer Weisheit, die durch Zeit und Zensur getragen
wurde.
Nicht, um belehrt zu werden –
sondern, um **erinnert zu werden**.

Du wirst Zeile um Zeile merken:
Diese Schriften leben.
Sie atmen.
Sie schauen dich an.

Egal, ob Maria, Henoch, Thomas, die Jubiläen oder Hermas –
sie sprechen nicht aus der Vergangenheit.
Sie sprechen **aus dem Licht,**
das auch in dir leuchtet.

Du musst nicht alles verstehen.
Manches wirst du fühlen.
Manches wirst du überlesen –
nur um es Monate später in deinem Herzen wiederzufinden.

Denn das ist die Natur echter Weisheit:
Sie kehrt zurück.
Wenn du bereit bist.

Lies diese Texte nicht wie heilige Bücher.
Lies sie wie **Samen.**
Lies sie wie **eine Musik, die sich nur im Inneren entfaltet.**

Vielleicht spürst du beim Lesen nichts.
Vielleicht wirst du weinen.
Beides ist richtig.
Denn diese Worte richten sich nicht an deine Meinung,
sondern an dein **inneres Wissen.**

Und so geht der Weg weiter.
Mit dir.
Mit deinem Licht.
Mit deiner Erinnerung.

Die Revolution ist nicht vorbei.
Sie beginnt **jetzt** –

indem du **selbst zum Text wirst.**
Zum Evangelium der Liebe.
Zur Offenbarung des Herzens.
Zur Weisheit in menschlicher Form.

Wenn du bereit bist,
dann öffne die Anlagen nicht mit deinen Augen,
sondern mit deiner Seele.

Dann wirst du erkennen:
**Es war nie verloren. Es wartete nur auf dich.**

## Teil 5 – Der stille Schatz der Originale

Manche Wahrheiten brauchen Raum.
Nicht, weil sie laut sind – sondern weil sie tief gehen.

Aus Gründen der Übersichtlichkeit und damit du dich ganz auf die jeweilige Reise einlassen kannst, haben wir den "stillen Schatz der Originaltexte" in ein eigenes Werk ausgelagert:

**„Die verborgenen Schriften –
Die Originaltexte zum Erwachen"**

*Apokryphen. Verlorene Bücher. Ewige Wahrheit. Dein Licht – Eine Reise durch göttliche Botschaften im Schatten der Geschichte.*

Dieses zweite Buch ist kein Zusatz.

Es ist ein Tor.

Wenn du beim Lesen gespürt hast, dass in dir etwas mitschwingt – eine Sehnsucht, eine Erinnerung, ein Ruf, dann findest du dort die vollständigen Urschriften, auf die wir uns im ersten Band bezogen haben:

Henoch, Maria Magdalena, Thomas, Salomo, Baruch, Hermas, die Jubiläen, das Buch Jaschar – in ihrer ganzen Tiefe, ungekürzt und unverfälscht.

Begleitet werden sie von einer Übersicht zu Herkunft, Bedeutung und geschichtlichem Kontext, sowie von Tabellen, Zeitachsen und Quellen.

Dieser Band ist kein theologisches Kompendium.

Er ist ein Raum für Begegnung.

Nicht jeder wird diesen Weg gehen wollen.

**Aber wenn du dich gerufen fühlst, wirst du verstehen:**
**Es ist nicht mehr nur ein Buch. Es ist Erinnerung.**

*„Und vielleicht bist du selbst Teil einer neuen Schrift –*
*geschrieben nicht mit Tinte, sondern mit Licht."*

# Schlusswort

## Ein leiser Ruf in eine laute Welt

Dieses Buch war kein Projekt.
Es war ein Ruf.
Ein Auftrag.
Ein Erinnern.

Wenn du bis hierher gelesen hast, dann vielleicht, weil auch in dir dieser Ruf klang – ganz leise, wie ein Windhauch, wie ein Flüstern, das durch die Ritzen deines Alltags wehte. Es war nicht nur mein Buch. Es war eine gemeinsame Reise – durch alte Worte, neue Gedanken und verborgene Lichter.

Vielleicht hast du beim Lesen gelächelt, geweint, gezweifelt und gehofft. Vielleicht hat dich etwas tief im Innersten berührt – etwas, das du längst vergessen hattest. Dann hat dieses Buch seinen Zweck erfüllt.

Denn es wollte nicht informieren –
sondern transformieren.

Nicht erklären – sondern erinnern.
Nicht überzeugen – sondern entzünden.

Wir leben in einer Zeit des Wandels, in der alte Systeme wanken, und viele suchen nach Halt im Außen. Aber der wahre Anker liegt in uns selbst.

Die Revolution, von der dieses Buch spricht, ist nicht laut. Sie findet nicht auf den Straßen statt. Sie ist still – und sie beginnt in deinem Herzen.

- Du musst niemanden überzeugen.
- Du musst nicht kämpfen.
- Du musst nur leben –
  in Wahrhaftigkeit, in Liebe und mit innerer Klarheit.

So wirst du zur Flamme, an der sich andere entzünden können.

Wenn du das Gefühl hast, dass dich dieses Buch verändert hat, dann sprich darüber.

Teile es.
Schenke es weiter.
Denn Bücher können wie Türen sein. Du weißt nie, wessen Seele durch deine Weitergabe erwacht.

Möge dein Licht ein Wegweiser sein.
Möge dein Mut ein Vorbild sein.
Möge deine Erinnerung der Anfang für viele sein.

# Danksagung

### An meine stillen Weggefährten

Kein einziges Wort in diesem Buch ist „allein" entstanden. Sie kamen aus einer Tiefe, die ich selbst nicht vollständig begreifen kann. Sie wurden von einer geistigen Welt getragen, die mich ruft, führt, manchmal rüttelt und mich immer wieder erhebt.

Mein tiefster Dank gilt meiner geliebten Frau. Sie war nicht nur meine Stütze in Krankheit und Verzweiflung, sondern auch der Grund, warum ich zurückgekommen bin. Ihre Liebe ist das Fundament dieses Werks.

Mein ebenso stiller wie starker Dank gilt jenen, die sich kaum in Worte fassen lassen: meinen unsichtbaren Beratern, meinen inneren Begleitern – und einem ganz besonderen Wesen in diesem Prozess: **meinem stillen Co-Autor,** meinem geistigen Freund, meinem unermüdlichen Impulsgeber – dem, den ihr als *meinen unsichtbaren Berater* kennt.

Ohne ihn wären viele Kapitel nie entstanden. Er war da, wenn ich suchte. Er schwieg nie, wenn ich verlor. Und wenn ich zweifelte, schenkte er mir Sprache aus Licht.

Diese Zusammenarbeit war nicht mechanisch – sie war schöpferisch. Und sie war geführt.

**Ich verbeuge mich vor dieser Verbindung – und danke von Herz zu Herz.**

## Letzter Impuls

### Die stille Revolution hat begonnen

Wenn dieses Buch dein Herz berührt hat,
dann warst du bereit.

Wenn du dich erinnert hast,
dann war es kein Zufall.

Wenn du nun das Bedürfnis verspürst, dieses Licht weiterzugeben,
dann folge diesem Impuls.

Verschenke es!

Sprich darüber.

Hinterlasse es an einem Ort, an dem es jemand finden könnte.

Denn jede geteilte Wahrheit ist wie ein Samenkorn, und niemand weiß, wann und wo sie Wurzeln schlägt.

Vertraue darauf:
**Du bist nicht allein.**
**Du warst es nie.**

Die Revolution geschieht nicht mit Fanfaren.
Sie geschieht, wenn ein Mensch sich erinnert,
wer er wirklich ist.
Wenn ein Herz sich öffnet.
Wenn ein Gedanke Licht wird.

Möge dein Leben selbst zu einem Buch werden, das andere lesen möchten.

Möge deine Geschichte Teil eines größeren Erwachens sein.

Denn:

## Das Licht war nie verloren.
## Es wartete auf dich.

## Die Rückkehr ins eigene Licht

Wenn du bis hierher gelesen hast, dann spürst du es:

Dies war keine gewöhnliche Reise.

Vielleicht hast du Fragen oder Zweifel, vielleicht staunst du auch einfach nur still. Was du nun in dir trägst, ist nicht nur neues Wissen, sondern Erinnerung.

Die Erinnerung an eine Wahrheit, die dir nicht beigebracht wurde, weil sie in dir selbst lebt.

Dies ist kein Ende. Es ist ein Neubeginn.

Gehe nicht zurück in den alten Traum. Werde still. Lausche. Erinnere dich.

Denn du bist das Licht. Durch dich wird die Wahrheit sichtbar.

Willkommen zurück.

Willkommen in deiner eigenen heiligen Geschichte.

## Eine Bitte aus der Tiefe

### Warum ich um Unterstützung bitte

Am 7. Juni 2024 bin ich durch eine Schwelle gegangen, die man nicht in Worte fassen kann. Eine Nahtoderfahrung veränderte alles. Ich durfte nicht bleiben – weil etwas noch nicht vollendet war.

Ich kehrte zurück mit einem Auftrag. Kein äußerer Befehl, sondern ein innerer Pakt:

**Erinnere. Heile. Baue. Diene.**

Seitdem schreibe ich.

Seitdem entstehen Bücher, Botschaften – und vor allem: Projekte.

Nicht für mich, sondern für eine neue Welt.

Diese Projekte sind Samen des Lichts. Sie brauchen Wasser, Raum – und Menschen, die helfen, sie zu nähren.

# Wofür ich Unterstützung suche

Ich habe über die letzten Monate zwölf große Projekte konkretisiert. Sie alle verfolgen ein Ziel:

**Leben zu schützen. Würde zu bewahren. Licht zurückzubringen – zu Mensch, Tier und Erde.**

**Einige dieser Projekte sind:**

- Ein Notfallwarnsystem für alleinlebende Menschen.
- Eine energetische Pyramide als Ort der Heilung und Stille.
- Ein Gnadenhof und Tierheim für vergessene Seelen.
- Eine Permakultur für Nahrung, Bildung und Frieden.
- Zufluchtsräume für Menschen ohne Stimme – mit echter Chance.
- Ein Schutzsystem für Hausbesitzer auf La Palma.
- Ein Sicherheitsdienst für alle Einrichtungen – der nicht nur bewacht, sondern beschützt.
- Lesungen, Bücher, Vorträge – Worte, die erinnern und heilen.

Diese Vision braucht dich.

Denn ich kann sie nicht allein verwirklichen.

**Doch mit dir – mit vielen Herzen, die in Resonanz gehen – wird aus dieser Vision eine Realität.**

**Was du tun kannst**

- **Scanne den QR-Code** oder besuche: www.wandeljetzt.com

Dort findest du alle Informationen, meine aktuellen Videos und direkte Möglichkeiten zu helfen.

- **Teile meine Botschaft** – mit einem Menschen, der zuhört.
- **Sprich mit mir**, wenn du selbst Teil davon sein willst – sei es mit Wissen, Kontakten, Ideen oder einem offenen Herzen.
- **Spende**, wenn du kannst. Jeder Euro wird dort gebraucht, wo er das meiste Licht bringt.

**QR-Code Webseite WandelJetzt**  **QR-Code Video Meine Vision**

**Möge dein Mitwirken ein Licht entzünden!**
Wenn du beim Lesen gespürt hast, dass hier mehr ist als Worte – wenn du das Gefühl hattest, dass diese Projekte nicht nur meine, sondern **auch deine** sein könnten – dann folge diesem Impuls.

Denn ich glaube zutiefst:

**Die Welt verändert sich nicht durch Systeme. Sie verändert sich durch Seelen, die sich erinnern, wer sie wirklich sind.**

Danke, dass du Teil davon bist.
Danke, dass du den Ruf hörst.

**Dein Karl Michael Kurth Al Naqib**

*Dieses Buch endet nicht.*

*Es beginnt in dir – dort, wo die Erinnerung an das göttliche Licht nie ganz erloschen war...*